Guía del animador eficaz

Gilbert Garibal

GUÍA DEL ANIMADOR EFICAZ

A pesar de haber puesto el máximo cuidado en la redacción de esta obra, el autor o el editor no pueden en modo alguno responsabilizarse por las informaciones (fórmulas, recetas, técnicas, etc.) vertidas en el texto. Se aconseja, en el caso de problemas específicos —a menudo únicos— de cada lector en particular, que se consulte con una persona cualificada para obtener las informaciones más completas, más exactas y lo más actualizadas posible. EDITORIAL DE VECCHI, S. A. U.

Para Romain Brice Lauriane

Con todo mi agradecimiento a Lucien Agostini, Hubert, Dubuisson, Jean-Pierre Foucault, Jean Guiraud, Jean-Claude Laval, André Naudin, Bob Quibel, Gilbert Trigano, Stéphane Verhaeghe, Robert Willar, todos ellos «hombres con imaginación» que me han enseñado el camino.

© Editorial De Vecchi, S. A. 2018
© [2018] Confidential Concepts International Ltd., Ireland
Subsidiary company of Confidential Concepts Inc, USA
ISBN: 978-1-68325-849-0

El Código Penal vigente dispone: «Será castigado con la pena de prisión de seis meses a dos años o de multa de seis a veinticuatro meses quien, con ánimo de lucro y en perjuicio de tercero, reproduzca, plagie, distribuya o comunique públicamente, en todo o en parte, una obra literaria, artística o científica, o su transformación, interpretación o ejecución artística fijada en cualquier tipo de soporte o comunicada a través de cualquier medio, sin la autorización de los titulares de los correspondientes derechos de propiedad intelectual o de sus cesionarios. La misma pena se impondrá a quien intencionadamente importe, exporte o almacene ejemplares de dichas obras o producciones o ejecuciones sin la referida autorización». (Artículo 270)

Índice

PRÓLOGOS	11
INTRODUCCIÓN.................................	14
SABER EXPRESARSE	18
La voz	19
La relajación	22
Técnicas de relajación	23
Gimnasia	24
Conciencia de uno mismo	25
La respiración	25
La articulación	27
El humor	29
La mirada...................................	30
El entorno	31
Aspectos materiales	31
Aspectos humanos	32
Los gestos	33
Lo que no se debe hacer	34
Lo que debe hacerse	34
HABLAR ANTE UN AUDITORIO	38
Las reglas del arte	39
Conocer el tema	39
Hacerse oír	41
Hacerse entender	42
La comunicación eficaz.........................	45
Una preparación mental	45
Una cuestión de equilibrio	46

La animación comercial... 49
La venta-espectáculo... 50
   Grandes superficies... 50
   Animadores, demostradores, vendedores... 51
   ¿Qué es la promoción?... 53
El animador comercial en acción... 55
   En unos grandes almacenes... 55
   En hipermercados y supermercados... 59
   En cualquier otro terreno... 63

La animación en la empresa... 69
La empresa en el día a día... 70
   Reuniones de trabajo... 70
   Reuniones informales... 77
La comunicación interna... 82
   Información escrita... 82
   Información audiovisual... 86

La animación en el tiempo libre... 90
Los viajes organizados... 91
   Un crucero: ¡vacaciones flotantes!... 91
   Ruta en autocar: manténgase cerca de su público... 98
Las manifestaciones locales... 103
   Rally turístico: creatividad, humor
   y preocupación por los detalles... 103
   Kermeses: sorprenda a los visitantes... 111
   Centros de vacaciones: juegos y retos... 115

La animación de los clubes de vacaciones... 118
En el campamento... 119
   Hombres, mujeres... 119
   Y juegos... 121
En el anfiteatro... 127
Recursos por temas... 128
En la playa... 134

La animación deportiva... 139
La competición... 140
   Al aire libre... 140
   En una sala... 144
El reportaje... 146

Fotografías	146
Y vídeo	148
La animación de espectáculos	151
La fiesta	152
Baile	152
Cena con baile	157
El banquete	159
Banquete de boda	159
Cena de gala	165
La merienda	167
Árbol de Navidad	167
Visita a un hogar de la tercera edad	168
La animación mediática	171
La radio	172
Un baúl de sueños	172
Hablar a través de las ondas	174
La televisión	178
Espectáculo a domicilio	178
«Hacer» televisión	179
Tener éxito... en tres letras	181
Conclusión	185
¿*Amateur* o profesional?	186
Tenga muchas manos...	187

ANEXOS

Ejercicios de articulación	191
Argumentaciones, discursos y alocuciones	193
Argumentación de un animador comercial en unos grandes almacenes	193
Argumentación de un animador comercial en un supermercado	194
Discurso de un jefe de departamento en una despedida por jubilación	195
Respuesta del trabajador	196
Discurso de fin de año de un director general	197
Alocución de un padre en la celebración de la boda de su hija	198
Alocución de un nuevo presidente de una asociación	199

LISTA DE JUEGOS PRESENTADOS 201
Juegos de preguntas................................. 201
Juegos de interior.................................. 201
Juegos al aire libre 202
Juegos de equipo.................................... 202
Juegos náuticos 202
Juegos de baile..................................... 203
El origen de los animales domésticos 203
La longevidad de los animales....................... 204
Las voces de los animales 204

LAS «PERLAS» DE LA SEGURIDAD SOCIAL 206

LAS «PERLAS» DE LOS SEGUROS DE AUTOMÓVIL 208

LAS ESTACIONES DE METRO 210

JUEGOS AL AIRE LIBRE PARA NIÑOS 211
El vendedor de gallinas 211
La empresa de transporte 212
A la caza del objeto 213
Los árboles mágicos.................................. 213
Los supercangrejos 214
¡Buena pesca! 215
El comandante ciego 216
Los campaneros celosos 216

JUEGOS DE INTERIOR PARA NIÑOS........................ 218
El movimiento perpetuo 218
La cuerda sonora.................................... 218
Ver con las manos 219
Las familias 220
El juego de la memoria 221
El péndulo.. 221

Prólogos

El 1 de enero de 1955, exactamente a las 06.30 de la mañana, nacía en Francia una nueva emisora de radio que cambiaría toda la comunicación por ondas hercianas. Y, al mismo tiempo, tendría influencias en todas las demás formas de comunicación verbal.

Evidentemente, se trataba de la cadena Europa 1, que, en el lugar donde hasta entonces había un molesto y rutinario monólogo en las ondas, instituía un verdadero diálogo entre la emisora y los oyentes.

El *director del juego*, como fue bautizado por Louis Merlin, inventor de la nueva fórmula, hablaba directamente a cada una de las personas que estaban escuchándole. Así, remplazaba la voz sentenciadora y distante que se dirigía a los «queridos oyentes» interpelándolos con un sonoro «¡Señoras, señoritas, señores!».

Por su parte, el periodista que comunicaba con naturalidad su propio texto en antena anulaba la figura del locutor que, hasta el momento, declamaba solemnemente la información escrita por un tercero. El mundo de la comunicación informativa estaba viviendo una revolución.

Por primera vez, una relación directa, cálida y amistosa unía una emisora de radio a sus oyentes. Actualmente, todos los que hacen animación —tanto si es radiofónica como televisiva, comercial, deportiva, de tiempo libre o de cualquier otro tipo— utilizan esta manera cercana y moderna para comunicar y entretener.

Durante los años setenta, ante las múltiples demandas de los jóvenes que deseaban iniciarse en esta profesión de animador, organicé un curso de comunicación. A él acudió un chico sonriente, entusiasta y curioso que deseaba saberlo todo sobre estas técnicas modernas; se llamaba Gilbert Garibal.

Él es quien, hoy, presenta esta original y completa obra.

En ella se tratan y explican todas las formas de comunicación oral, que él mismo ha ejercido y cuyos mecanismos sabe explicar con una sensibilidad y un sentido del humor muy personales.

Estoy convencido de que esta creativa guía, repleta de consejos prácticos —y acertadamente acompañada de listas de juegos y de modelos creados por el autor—, ayudará a todos los candidatos en las diversas carreras de animación.

ROBERT WILLAR

Desde hace unos años, la radio y la televisión se han convertido en fenómenos multitudinarios:

— se dirigen siempre a la máxima audiencia (emisoras y cadenas generales) o a grupos muy particulares (emisores y cadenas temáticas);
— ofrecen una calidad técnica cada vez más sofisticada (modulación de frecuencia, numérica, cable, satélite).

Lo único que queda casi inmutable es la figura del *animador*.

«Casi», porque la lengua, la manera de presentarse, de presentar, de dirigirse al oyente/telespectador evidentemente también evoluciona.

«Inmutable», sin embargo, porque el animador sigue siendo un *ser humano afectivo* que continúa estableciendo una relación con otras personas. ¡Una relación cada vez más frágil! Es cierto: el oyente/telespectador dispone de un abanico de oportunidades cada vez más variado. ¡Cuidado con el *zapping*!

El animador tiene que ser el nexo de unión con el oyente o telespectador, y debe conseguir que este no se vaya a ver o escuchar a la competencia. El animador se vuelve así más agudo y perspicaz con el fin de *convencer* a más gente.

Gilbert Garibal, psicólogo y sociólogo, se encuentra en una posición privilegiada para hacer comprender el difícil papel del animador y para despejar el camino a todos aquellos que deseen hacer carrera en los medios de comunicación.

Si usted así lo desea, esta obra le proporcionará una eficaz base de trabajo y le evitará algunos eventuales pasos en falso y pérdidas de tiempo.

Por supuesto, por inclinación personal, como animador y presentador de radio y televisión, he hablado de animación en este campo. Sin embargo, el libro que tiene entre las manos no se limita a ello. Si desea dirigirse hacia otras formas de animación, no a la audiovisual, Gilbert Garibal le hará partícipe de sus experiencias y de sus conocimientos, con el sentido del humor que le caracteriza.

En conclusión, esta guía le ofrece una base de reflexión y de trabajo muy valiosa en cualquier circunstancia en que la comunicación y la animación sean necesarias.

¡Buena suerte!

JEAN-CLAUDE LAVAL

Introducción

Cuando era niño me encantaba acompañar a mi madre al mercado del barrio, a las afueras de París; me quedaba extasiado, durante sus compras, ante los puestos de los vendedores ambulantes.

Estaba literalmente fascinado por estos virtuosos de la lengua: vendedores de platos, telas, tirantes... Sobre la acera, disfrutaba con sus actuaciones, auténticas prestaciones de artistas, y enriquecía mi propia lista de chistes, aliñados con sabrosas palabras del argot. Después, divertía con ellos a mis compañeros, ¡y tenía bastante éxito!

Ya en esos momentos, y sin saberlo, estaba asistiendo a mis primeras clases de animación. En medio de esa turbulencia de montañas de platos que solían romperse con el fin de engañar al comprador, de toallas multicolores en las que el vendedor se liaba, o de pañuelos de goma que en un momento se convertían en tirantes, se hallaban reunidos todos los ingredientes de una animación eficaz. El gran arte de la venta, sí, pero a mí también me proporcionó el placer de la vista, el humor burlón y la magia de un espectáculo —actualmente ya no tan frecuente—, que ofrecían esos «actores callejeros».

Aún hoy suelo pararme, invitado por estos alegres demostradores que perpetúan la tradición, delante de algún puesto. Si bien los productos han cambiado, el discurso sigue siendo igual de contundente. Y en ese momento, y sin haberlo deseado realmente, ¡me convierto en poseedor de un limpiador magnético de vidrios de doble cara, o de una colección de relojes de cuarzo que pronto se estropean! Pero esos objetos sólo significan para mí una coartada para el contacto humano, y no siento nada de rencor. Lo importante, creo yo, es que esos simpáticos vendedores de lo efímero sigan siendo, con su lenguaje rimbombante, vendedores de felicidad.

¿Acaso no es esa la técnica del dinámico animador Pierre Bellemare, quien, introduciendo en la televisión este tipo de venta y añadiéndole calidad, le ha concedido títulos nobiliarios totalmente merecidos?

Comunicar. Entretener. Estas son las funciones primordiales de cualquier animación.

Así pues, el deseo de dirigirme a los demás para distraer me invadió ya desde muy pronto. Y mi público inicial de animadores fue mi familia. Ciertamente, las comuniones, las bodas y otro tipo de celebraciones constituyen las mejores ocasiones para practicar, porque los padres, felices y orgullosos de ver a su prole mostrar un talento ante la sociedad, son evidentemente unos seguidores absolutos. Y, hay que decirlo, porque los tíos, abuelos, primos..., que normalmente sólo desean divertirse, son también siempre indulgentes con el principiante.

Hacer un *sketch* imitando al cómico de moda, a uno de los políticos del momento, o realizar algunos juegos que impliquen la participación del público constituyen, durante los postres, las primeras armas del joven animador. Y yo las utilizaba. En un principio, torpemente, con el inevitable miedo escénico —más adelante se verá cómo deshacerse de él—, y más tarde con esa progresiva seguridad que dan las miradas animo-sas de los espectadores, sus risas —recompensa suprema— y sus aplausos.

Además de la familia, la escuela es, por supuesto, el otro terreno preferido para aprender a «divertir al auditorio», como decía mi maestro. Incluso es aquí, con el inconveniente de ser penalizado si el público no llega a divertirse, donde el animador puede verificar la realidad de sus posibilidades. El reto consiste, ni más ni menos, en ganarse una buena fama entre los compañeros. ¡El recuerdo de mis parodias de los profesores y los consecuentes castigos administrados por ellos cuando me sorprendían imitándolos, me recuerdan que, sin duda alguna, junto con el gusto por la animación sentía un gusto por el riesgo!

Con los *boys scouts* y durante el servicio militar tuve la oportunidad de poder continuar con este agradable ejercicio. Primero en los campamentos, y después gracias a la escuela de voz de Robert Willar, el animador con la voz de oro de Europa 1. Una enriquecedora experiencia de trabajo en equipo, de creatividad y de contacto humano. ¿Acaso no es conveniente, tanto en un club como en un supermercado, conseguir sorprender a un público hastiado, ofrecerle un discurso y un espectáculo diferentes de los habituales en los medios de comunicación?

Cuando se viven experiencias tan formadoras y enriquecedoras, todos los géneros de animación son accesibles. De esta forma pude proseguir con mi actividad en campos tan variados como la venta, la comunicación en empresas, el deporte, el mundo audiovisual o el medio asociativo.

Cabe precisar que animar no es únicamente hablar a la gente a través de un micrófono. Se trata, antes de eso, de observar, de preparar el terreno de la evolución con los interlocutores del momento. Y aún hoy hago hincapié en esto: animar consiste en vivir cada vez una experiencia nueva; y esto implica crear cada vez un ambiente previo para realizar la mejor presentación posible.

La vida familiar, profesional o asociativa nos enseña todos los días, precisamente, cuántos actos sociales son experimentados más que vividos. ¡Hasta qué punto, a veces, ciertos «profesionales» pueden aburrir al público, o algo peor, porque están mal preparados, no tienen alma, y son como una sopa sin sal!

Cuando un dinamizador «tiene la sartén por el mango» y se dirige al público con ánimo y humor, todo cambia. Las reuniones, las comidas, las fiestas…, y los invitados se iluminan. Porque en cualquier celebración a todos nos gusta que nos tengan en cuenta, que nos sorprendan —por qué no—, y que los demás se nos acerquen.

Introducir el buen humor, el entusiasmo, la ósmosis en un grupo…, es decir, crear ambiente, es, precisamente el papel de un animador.

«¡Ha nacido para esto!», se suele decir de un animador. Es cierto que ser animador puede ser un don, pero también se aprende, a partir de determinadas cualidades personales.

Sin embargo, no existen métodos reales para convertirse en animador, como los hay para aprender solfeo, por ejemplo. Generalmente se forma sobre el terreno, mediante la práctica. Se puede decir que, como en todos los oficios —porque resulta adecuado hablar de un oficio—, existen «artificios» que se pueden utilizar para perfeccionarse.

El objetivo de esta obra es proponer las técnicas experimentadas al *amateur*, en el sentido real del término: «el que ama, al que le gusta», y orientarlo en los principales campos de la animación, para ayudarle a convertirse en ese «director de la vida» que es, de hecho, un animador.

Puesto que usted ha abierto este libro, seguro que la animación le corre por las venas y, por tanto, tiene ganas de actuar, si no lo hace ya. Gracias a este libro sabrá cómo resolver las siguientes cuestiones:

— ¿Cómo adquirir una buena expresión oral y corporal? ¿Cómo pronunciar un discurso o una alocución? ¿Cómo utilizar correctamente un micrófono?

— ¿Cómo concebir y animar una excursión? ¿Cómo amenizar un viaje en autocar? ¿Cómo preparar una kermés?

— ¿Cómo optimizar una animación-venta?

— ¿Cómo dirigir una reunión en una empresa? ¿Cómo dar una conferencia u organizar un cóctel? ¿Cómo dar una información telefónica?
— ¿Cómo organizar una carrera ciclista?
— ¿Cómo expresarse en la radio? ¿Y en la televisión?

Son muchas y muy diferentes las preguntas que, según las circunstancias, pueden surgir en el marco de una función de animador, ya sea principiante o experimentado. Y son muchas las respuestas precisas a estas preguntas, entre otras, las que encontrará a lo largo de esta obra. No sólo le evitarán caer en los errores típicos, y que además siempre son difíciles de solucionar cuando ocurren, sino que le harán ganar un tiempo precioso.

De esta forma, querido animador o animadora, tal vez estos consejos, que están orientados a una inmediata eficacia, puedan permitirle tener éxito en sus prestaciones de forma rápida.

Saber expresarse

Los hombres son como los conejos:
¡se los atrapa por las orejas!
Conde de Mirabeau

— «¡En la mesa no se habla!»;
— «¡Silencio en las filas!»;
— «¡Cerrad el pico!».

Desde la más tierna infancia, desde la familia hasta el servicio militar, pasando por la escuela, el sistema educativo se las ha ingeniado para «impedir» hablar en público. Resultado: ¡cuántos estudiantes se sienten aterrorizados cada año por las pruebas orales de sus exámenes! Usted mismo, por ejemplo, a menos que haya recibido clases de teatro, ¿recuerda una sola lección de dicción recibida en la escuela? En cambio, cuántos cuadernos de todo tipo habrá emborronado penosamente...

El progreso no ha dejado de perfeccionar herramientas de escritura, hasta crear, después de la tiza y la pluma, ese nuevo bolígrafo llamado ordenador. Como dice el viejo proverbio, las palabras se las lleva el viento, los escritos permanecen.

¿Acaso no resulta sorprendente esta insistencia en privilegiar lo escrito sobre lo oral?, cuando los seres humanos se caracterizan precisamente por la capacidad del lenguaje. Pero todavía hoy se sigue diciendo que lo escrito hace la ley...

Afortunadamente, los medios informativos, por su parte, han emprendido una auténtica liberación de la palabra, invitando incluso al oyente a un intercambio verbal con ellos. La radio y la televisión han sugerido, con el tono de la conversación, un *nuevo habla*, más directo, más incisivo. Y han conseguido influir en la prensa y sobre todo en la publicidad, cuyo discurso, después del tiempo del «reclamo», es ahora libre y más dinámico. Evidentemente, esto a veces implica un gran perjuicio para gramáticos y otros puristas.

En pocas palabras: la época de la *comunicación* se ha alzado. Y esa es precisamente la función del animador, cuyo papel implica un acercamiento al arte de hablar a los demás… y que no suele figurar en los programas educativos.

Sin pretender imitar al orador griego Demóstenes, que practicaba hablando con guijarros en la boca, existen toda una serie de técnicas simples para perfeccionar por uno mismo la expresión oral.

La voz

La *expresión oral* es la acción de expresarse gracias a un maravilloso instrumento de comunicación, la voz.

¿Cómo se forma la voz?

Cada uno dispone de un «altavoz» natural. De forma muy esquemática, este aparato emite sonidos gracias a un complejo proceso, que va de abajo arriba:

— una corriente de aire sube de los pulmones;
— este flujo hace que vibren las cuerdas vocales, situadas a cada lado de la glotis;
— los sonidos obtenidos bajo presión resuenan en la laringe, y después en la zona nasofaríngea… antes de transformarse en la boca y en los labios en consonantes y vocales, que conforman las palabras.

Así nacen las palabras.

Es la forma de los huesos de la cara, de los dientes, del paladar y de la laringe la que origina que, modulando el aire que proviene de los pulmones, cada voz tenga su timbre particular. Es por este motivo por el que hay voces de pecho (graves) y voces agudas que derivan, por ejemplo, en una voz ronca, una voz nasal, una voz débil o una voz velada cuando son desnaturalizadas, sin resonancia.

La voz, con buen tono en algunas personas pero sin él en otras, puede ser, en consecuencia, rica, potente, hermosa e, incluso, «de oro», cuando no es llana, lánguida, estridente o gangosa, según el oído y el vocabulario de cada oyente. De hecho, hay voces agradables y otras que… lo son menos.

Esta emisión de sonidos, gobernada por el cerebro, es un acto neuromuscular. Este último interviene, por tanto, en tres niveles

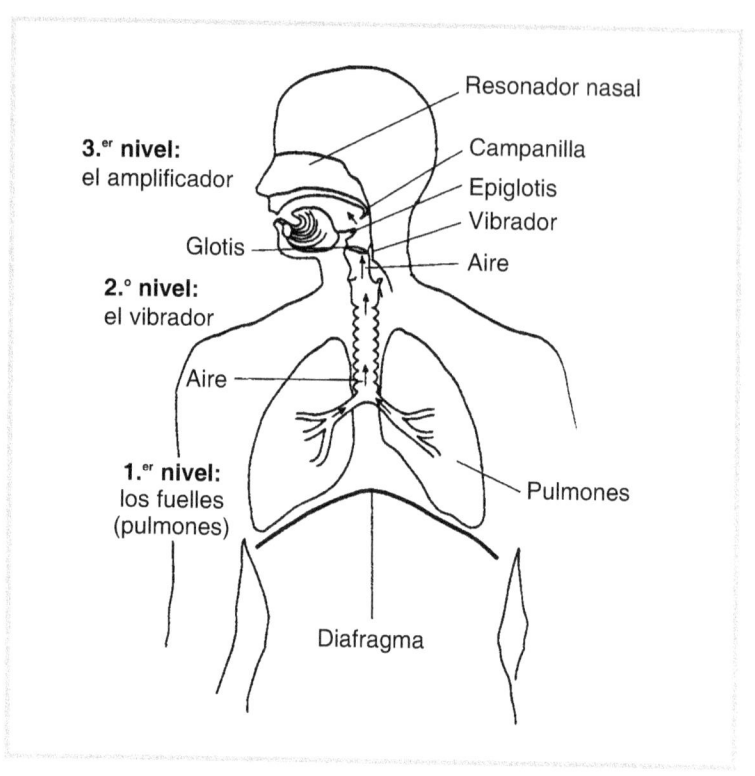

sucesivos de este verdadero «instrumento de viento» que constituye nuestro sistema vocal, como se puede ver en el dibujo.

Los profesionales de la palabra conocen bien el poder del órgano vocal. Desde el profesor hasta el vendedor, desde el conferenciante hasta el político, desde el cómico hasta el… animador, todos saben que la voz constituye un potente medio de acción sobre su público, porque es, al mismo tiempo, un destacado vehículo de la gama de sentimientos. En ocasiones puede ser alegre, en ocasiones triste, temblorosa o enfurecida. Y sabe volverse encantadora, afirmativa y convincente en boca de un político. ¡Y, por supuesto, jovial, cálida y dinámica en el animador!

Así, por naturaleza, la voz humana es flexible y, en cierto modo, polivalente. Sabe adaptarse a las circunstancias.

Unas líneas más arriba se ha comparado la voz con un instrumento de aire; y quien habla de instrumento habla de aprendizaje. Evidentemente, uno puede convertirse en orador improvisado y resultar ser excelente, pero el uso profesional de la voz exige un entrenamiento y unos ejercicios adecuados. Es aconsejable obtener no sólo la mejor calidad de sonido posible, sino conseguir, con seguridad y mediante la práctica, la eficacia buscada.

Expresarse oralmente, sea cual sea el tipo de alocución, consiste, ante todo, en tener en cuenta siete parámetros fundamentales que afectan a la vez a la forma y al fondo del discurso, esto es:

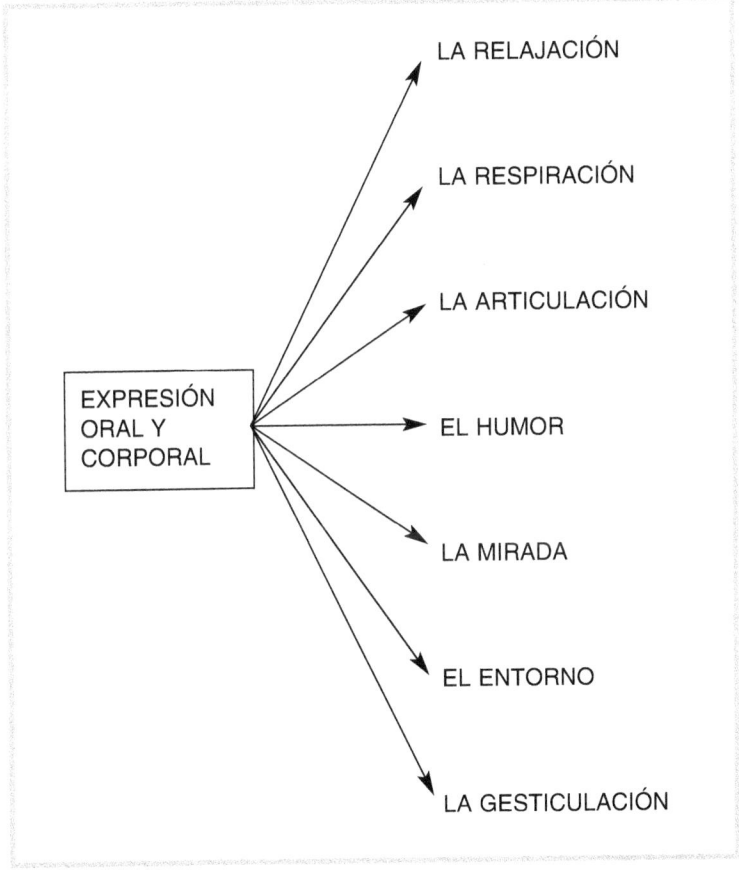

La relajación

Hay que estar relajado físicamente para sentirse bien a nivel mental y poder transmitir un mensaje verbal.

Ahora bien, en este proceso de relajación puede aparecer el denominado miedo escénico.

¿En qué consiste el miedo escénico?

Conscientemente, el miedo escénico es el miedo a los demás.

Sin embargo, inconscientemente, es el miedo a uno mismo. Sin realmente saberlo, es posible experimentar este conflicto particular, que cada cual vive a su modo, y que enfrenta al deseo de ser querido, reconocido, admirado por los demás, con la certeza individual y particular de no poder conseguirlo; incluso puede llegar a sentirse culpable por recibir tal amor, como apunta el psicoanálisis.

Pero mejor no entrar más en territorio freudiano, puesto que no es necesario. El diccionario apunta que el *miedo escénico* es el miedo que se experimenta, en particular, en el momento de aparecer en público. Es efectivamente en esas ocasiones en las que puede manifestarse, sobre todo cuando se toma la palabra en un lugar fuera de lo habitual, ante un público numeroso y desconocido. La «víctima» padece, entonces, un sentimiento de impotencia, incluso parálisis, ante una situación que considera peligrosa y ante la responsabilidad que de ello se deriva.

El cerebro, alertado por la amenaza anunciada, actúa liberando sus medios de defensa hormonales, especialmente la adrenalina, que, cuando se segrega en abundancia, provoca manifestaciones físicas molestas. ¿Quién no las ha experimentado, al menos una vez, al tomar un micrófono en una reunión?

Pero lo peor son las consecuencias: respiración acelerada, un nudo en la garganta, boca seca, lengua pesada, sudores profusos... ¡Y, mientras que usted está ahí para hablar, su voz tiembla hasta volverse inaudible! Y entonces, ese temible miedo escénico se apodera de todo su cuerpo: le duele el estómago, le flaquean las piernas, le tiemblan las manos y, con ellas, el papel del discurso. Y si no, se instala totalmente en usted una angustia general, se le nubla la vista, le invade una impresión desesperante de vértigo, la cabeza le da vueltas... Curiosamente, siente deseos de salir corriendo... pero se queda paralizado.

¡No se desespere!

Tiene que evitar todo tipo de histeria porque:

— es normal experimentar tensión cuando se habla en público. Usted no es un caso excepcional. Los políticos más importantes, al igual

que los actores más famosos, conocen el miedo escénico. «¡El miedo escénico le llegará con el talento!», le dijo un día el gran Louis Jouvet a una alumna de teatro que afirmaba que no lo sentía;
— la pérdida de memoria que le parece durar un siglo es muy fugaz;
— si respira profundamente varias veces, volverá a la calma;
— sabe muy bien de lo que va a hablar (se volverá a tratar este aspecto) y tiene notas concisas en forma de esquema en su bolsillo, por si las necesita;
— el miedo a los demás desaparece, ya que el público no le es hostil. No tiene ninguna razón, por decirlo de alguna manera, para buscarle las cosquillas. Mire hacia él y sonríale, en lugar de bajar la cabeza. Tenga por seguro que los espectadores prefieren una alocución con una o dos dudas o incluso con algunos lapsus divertidos, que un discurso frío y sin errores.

De hecho, es completamente posible combatir el miedo escénico o incluso neutralizarlo gracias a diversas técnicas preparatorias. Son muy recomendables.

UN TRUCO PARA DESACTIVAR EL MIEDO ESCÉNICO

Usted no ignora que el público también está tenso antes del espectáculo. Ahora bien, como presentador y primera persona en intervenir, su misión es hacer que el público... se relaje. Nada más simple. En cuanto entre en escena, pregúntele con tono decidido si está en plena forma, y compruébelo mediante una salva de aplausos, a modo de ensayo. Que cada cual aplauda en ese momento, con gran placer. Así no sólo se calmarán los nervios del público... y los suyos, sino que además habrá creado buen ambiente. Lo cual le agradecerán los artistas que vendrán después.

Técnicas de relajación

El relajamiento neuromuscular, como ya se ha dicho, es una de las condiciones indispensables para una buena expresión oral.

A principios de siglo XX, un médico alemán, el doctor J. H. Schultz, propuso un sistema de relajación física y mental, el denominado *entrenamiento autógeno*, que inmediatamente resultó ser muy eficaz, y que actualmente todavía se sigue empleando.

Este principio de relajación está inspirado en el yoga. Una de las posiciones empleadas es la *posición de cochero adormecido* (sentado, con el cuerpo inclinado hacia delante y los codos sobre las rodillas, con las manos colgando). Este ejercicio proporciona una relajación rápida de los músculos, cuando se combina con un «querer» psíquico apropiado. Con esta postura, usted deberá tomar conciencia del ritmo de su respiración y de los movimientos de apertura y cierre de la glotis. Así pues, esta técnica hará que se concentre en su laringe, y esta se calmará en unos minutos.

Muchos terapeutas recomiendan el uso del entrenamiento autógeno del doctor Schultz porque, entre todos los métodos de relajación que este creó, parece el más fácil de llevar a la práctica.[1]

Gimnasia

Se puede decir que la energía liberada por el miedo escénico es una fuerza mal digerida. Al animador objeto del miedo escénico no le hace ninguna gracia ese nudo en la garganta y esa transpiración tan abundante que suele empapar su camisa cuando tiene que aparecer en público; así que, ¿por qué no acabar definitivamente con ese sobrante de energía antes de que se produzca?

¿Cómo? Simplemente regalándose una corta sesión de gimnasia, con algunos ejercicios musculares sencillos.

De hecho, no resulta extraño ver a los actores de teatro hacer movimientos entre bastidores, mientras esperan que se levante el telón. Unos hacen molinillos con los brazos o rotaciones de cintura, otros hacen flexiones de rodilla, se dedican a levantar una silla o un velador del decorado de la obra unas veinte veces antes de salir a escena…

Hace unos años, bastantes en realidad, los artistas tenían un método muy particular para anular el miedo escénico. Cuando se iban las encargadas del vestuario y del maquillaje, se encerraban en su camerino e insultaban a un adversario imaginario durante un cuarto de hora, mientras caminaban a lo largo de la habitación. De este modo, añadían al ejercicio físico cotidiano una buena dosis de higiene mental. El truco sigue siendo utilizado actualmente por muchos actores.

---

1. En relación con este tema, puede consultar la obra de Milène Screm, *Cours pratique de training autogène*, Éditions De Vecchi, Paris, 1991.

Conciencia de uno mismo

Cuidado. El animador no es un comediante.

El animador no se mete en la piel de otro cuando sube a un escenario. Si desempeña un papel, es el suyo. Ahora bien, el hecho de ser observado puede endurecerle y hacerle perder su espontaneidad. En ese momento, se convierte en un personaje que tiene que «dominar», y además en público... y el miedo escénico aparece en mayor grado. Por tanto, una regla de oro es: ¡hay que conservar la naturalidad!

El hecho de seguir siendo él mismo permite al animador, como «director del juego», estar disponible, es decir, abierto, sonriente, atento tanto a las personalidades y artistas que debe presentar como a las reacciones de la sala. Al mismo tiempo, al relajarse, rompe esa pantalla invisible que, un instante antes, aún lo separaba del público.

Una actitud tan simple también le permite «instalarse antes en el corazón de la gente», estar a la escucha, comprenderla mejor y responder a lo que espera. En resumen, le permite comunicarse mejor en todas las situaciones de animación. Y con un estado de ánimo como ese, el miedo escénico tiene menos posibilidades de aparecer.

Porque, tanto en el escenario como en la vida, ¿qué es lo que hace, a menudo, que aparezca un malestar, o una ansiedad, sino una opinión de uno mismo fuera de lugar? «Saber mantener los pies en la tierra... es ¡tomar altura con respecto a uno mismo!», repetía maliciosamente en sus seminarios de expresión oral Lucien Agostini, un conocido animador francés.

El método Coué, injustamente criticado por su aparente simplicidad, tiene, sin embargo, muchos aspectos positivos. Si se comprende bien, puede conllevar la serenidad. No dude en repetirse, antes de cualquier animación, que tiene la posibilidad de comunicarse con el público y que usted es una persona feliz por ello. ¡El miedo escénico no soporta la idea de la felicidad! [2]

La respiración

La relajación, como ya ha quedado demostrado, es indispensable para tomar la palabra en público de manera eficaz. El control de la

---

2. En relación con este tema, lea *La Méthode Coué*, Gilbert Garibal, Éditions De Vecchi, París, 1999.

respiración también es fundamental en la expresión oral. En este sentido, la etimología indica que *animar* viene del latín *anima*, que significa «alma» o «aliento vital».

Se respira unas dieciocho veces por minuto. Cuando hay que hablar, este ritmo de respiración aumenta a unas veinte o veinticinco veces por minuto.

Entre estas *pausas respiratorias*, y por tanto durante las espiraciones, pueden pronunciarse unas veinte palabras, sin que las interrupciones sean detectadas por el público como dudas.

Cuando se duerme, la actividad respiratoria funciona, en cierto modo, con un «piloto automático». Durante el estado de vigilia, en cambio, se puede someter a voluntad; es una buena oportunidad para respirar intensamente y aumentar el volumen de la caja torácica, es decir, para hablar cómodamente y almacenar suficiente aire, sin dar la impresión de que nos falta.

No dude en entrenarse con ejercicios cotidianos de respiración. Nada más fácil que eso. Después de aislarse en un lugar tranquilo, le bastará con aspirar profundamente y aguantar la respiración durante secuencias de 15 a 20 segundos; exactamente igual a como lo hace antes de sumergirse si nada bajo el agua.

A continuación, repita el mismo ejercicio, pero hablando o leyendo en voz alta durante la espiración. Se trata de llegar progresivamente, primero con una inspiración de 3 segundos, después de 2 y finalmente de 1 segundo, a «llevar» vocalmente un texto durante el mayor tiempo posible. Exactamente de 15 a 20 segundos.

Estos ejercicios no son en absoluto superfluos. Rápidamente le permitirán:

— no «asfixiarse» (como probablemente le ocurría hasta ahora) cuando tenga que pronunciar largas secuencias verbales;
— evitar producir ruidos de aspirador en el micrófono al coger aire;
— tener tiempo para articular y modular el timbre de voz, ya que se sentirá seguro de su capacidad respiratoria.

En resumen, y lo que es más importante: el control de la respiración le proporcionará plena confianza en usted mismo. No olvide que el aire inspirado oxigena el cerebro y, por tanto, favorece al mismo tiempo la creatividad y el dominio de uno mismo.

El miedo escénico provoca unas inspiraciones muy cortas. ¡Así que saber respirar es, al mismo tiempo, relajarse y actuar contra el miedo escénico!

La articulación

¡Diga «aaaa...»!, le dice su médico cuando le examina la garganta.

Diga también «aaaaaa» para acostumbrarse a articular bien. Entrenándose con una larga pronunciación de la primera letra del alfabeto, mientras espira, proporcionará una mayor flexibilidad a su voz.

Durante ese impulso, y para flexibilizar la mandíbula, haga lo mismo con las demás vocales y combínelas a su gusto, introduciendo también algunas consonantes, a lo largo de la improvisación.

Recuerde que un micrófono amplifica la voz, pero también todos los defectos de pronunciación. Esta es una buena razón para controlar la manera de pronunciar las vocales, cuya acentuación, además, puede ser muy variada. Esfuércese, por ejemplo, en diferenciar fonéticamente palabras como *cambio* y *cambió*, *primo* y *primó*, o *secad* y *sacad*. O en marcar correctamente la diferencia entre diversas letras, como entre *espiar* y *expiar*, *absorber* y *adsorber*, *asimetría* y *simetría*, o entre *amoralidad* y *moralidad*.

No hay que olvidar en ningún momento la importancia de las consonantes, que también forman parte del entrenamiento. Como habrá podido observar, muchas personas se comen letras, y por esta razón cuesta mucho entenderlas. Un animador no puede bajo ningún concepto permitirse este error cuando toma la palabra en público.

Si desaparecen las consonantes de la frase siguiente, evidentemente se vuelve incomprensible:

E... U...E... U... ...UE... A...I...A...O...

¡Este es, un poco exagerado, el mecanismo que interviene cuando algunas personas hablan! Afortunadamente, cuando las consonantes se colocan en su lugar, reaparecen las palabras, se relacionan entre sí... y la frase adquiere un significado:

ES USTED UN BUEN ANIMADOR

Es decir, se trata de articular bien todo el conjunto; de hecho, se trata de prolongar los sonidos emitidos, de mantener los labios flexibles. Seguramente usted ya se ha entretenido a veces pronunciando de forma rápida trabalenguas como *el cielo está enladrillado, quién lo desenladrillará...*, o *tres tristes tigres comen trigo en un trigal...* Repítalos con frecuencia, aunque sólo sea para preparar la voz y encontrar una entonación adecuada antes de empezar un discurso.

Una recomendación más: la articulación, por los propios movimientos de la mandíbula, tiene que hacerle pensar en la amplitud que debe dar a su voz. Es aconsejable que, cuando realice sus ejercicios, haga resonar las palabras en su boca, que el sonido «bostece», tal como indica acertadamente el profesor de dicción Jean Bélanger en su libro *Technique et pratique de la parole en public*.

Acaba usted de aprender a relajarse, respirar y articular. Dicho de otro modo: está prácticamente preparado para presentarse ante el público. ¿Qué hace un presentador antes de entrar en escena? No olvida mirarse en un espejo para comprobar su peinado y su corbata. Pues bien, su propia técnica también necesita un espejo... Y ese reflejo lo conseguirá con un accesorio indispensable: una grabadora. Con ella, aunque no reconozca su voz (¡no se preocupe de esa fantasía de su oído!), podrá confirmar que la cadencia sea regular, la entonación buena y la articulación correcta.

Gracias a la grabación también podrá detectar sus «tics» lingüísticos —que hay que limitar por todos los medios, o incluso suprimir—: *cómo decirlo, quiero decir, obviamente, ¿no?*... O incluso los *por supuesto, pues eso* o *claro*, que en ocasiones suelen concluir todas las frases. Y también los desafortunados *bien, ¿eh?* y *hummm* que se pueden llegar a repetir cientos de veces.

¿Cómo neutralizar estos «parásitos»? Mediante silencios, simplemente, que no debe dudar en utilizar, como si fueran comas, durante las intervenciones. Sobre todo, no tenga miedo de los *espacios en blanco*, que aceptan todas las redundancias posibles. Los silencios forman parte del acto de hablar. Hay que saber utilizarlos oportunamente. Son los que le dan, a usted y a sus oyentes, el tiempo necesario para reflexionar («¡Concédeme unos silencios!» hace decir Shakespeare a un personaje en su obra *Otelo*).

UNAS ÚLTIMAS PALABRAS ACERCA DE LA ARTICULACIÓN

Lo ha entendido: articular bien es hacerse entender bien y, en consecuencia, es ganarse el interés del público.

La articulación le exigirá un esfuerzo... pero le ahorrará más de uno a su público.

Recuerde bien este principio: un animador que articula adecuadamente conserva la atención del público con su tono vocal.

Articular también equivale a respetar a ese público.

El humor

En cuanto termina la música de entrada, la presentadora de las noticias adopta el tono necesario para dar su primera información. Y, por supuesto, no adopta la misma expresión para anunciar el premio de la lotería obtenido por una encantadora abuelita que para hablar de un accidente en cadena en la autopista, en el que se han visto involucrados doscientos vehículos.

El rostro tiene que reflejar los objetivos perseguidos. Sería inconcebible, ciertamente, ver a la periodista romper a llorar en el primer caso y echarse a reír en el segundo. Como en otros casos, la manifestación de una emoción excesivamente dramatizada también sería inadecuada.

Una noticia alegre dará lugar, por tanto, a una sonrisa adecuada, y un texto serio irá evidentemente acompañado de una actitud correcta. Sin embargo, la condición indispensable es que la expresión sea ponderada, en ambos casos.

Lo mismo sucede en animación, donde también deberá evitar la exageración. Evitará «recargar», como se dice en teatro. Se trata simplemente de ajustar el humor necesario a las palabras y, consecuentemente, de ser auténtico. Será reconocido por esta autenticidad, esta aptitud de crear un clima cálido y jovial. Y, con la adquisición de experiencia, nacerá *su propio estilo*. La actividad de animación alcanza, en gran parte, acontecimientos en los que conviene generar alegría. Desde la presentación de un árbol de Navidad hasta la concepción de un viaje sorpresa, o desde la organización de una excursión a pie hasta el montaje de una kermés. La segunda «herramienta de trabajo» del animador, después de la voz, es, sin duda, la *sonrisa* y, con ella, la risa.

Robert Willar, un reconocido animador, consciente de las prestaciones exigidas a su voz, no se limitaba a proteger su garganta de los cambios de temperatura; todas las mañanas, antes de entrar en antena a las 05.30 de la mañana, «aseaba su voz para ponerla de buen humor» y afinaba su famosa risa. ¿Cómo realizaba este aseo preparatorio? Separaba conscientemente sus mandíbulas y reía solo, al volante de su coche, ¡bajo la mirada inquieta del semáforo y de los primeros automovilistas madrugadores! Algunos jóvenes animadores también utilizan esta misma técnica.

¡Es cierto! El buen humor puede fabricarse, con un poco de voluntad... Al igual que el comer y el rascar, todo es empezar. De este modo, desde que usted «entra en animación», tiene que olvidarse de sus penas y de sus dolores de muelas, y también del pago de sus impuestos, para abrirse al público. Dicho de otro modo: para estar disponible y mostrarse alegre, hay que dejar el estado de ánimo en el vestuario.

> **LA RECOMENDACIÓN DE ESTA SECUENCIA**
>
> *Si bien la insolencia se ha convertido en una forma de humor que está de moda en algunos medios de comunicación (en ocasiones acordada entre compañeros), desconfíe de su uso en animación. Si bien es cierto que suele hacer reír al espectador que se haya delante del televisor, o al oyente que escucha la radio, estos mismos espectadores, al sentirse más implicados directamente, podrían no apreciar en absoluto ser, por turnos, víctimas de su insolencia. Cuidado: las palabras son caricias pero también proyectiles. Es usted quien en todo momento debe saber cuándo acaba con ellos la diversión y empieza la falta de respeto.*
> *¿Insolencia? ¿Provocación? ¿Burla? ¡Empléelas con moderación!*

La mirada

¿Sabía usted que más del 80 % de nuestras percepciones pasan por la vista?

Eso significa que el 80 % de los mensajes que se dirigen y reciben en animación son controlados por la mirada. Y lo mismo ocurre con cada uno de los espectadores.

Así pues, la mirada es uno de los elementos comunicativos más importantes en la expresión oral.

Es su mirada la que le informará de las disposiciones afectivas del público, antes incluso de empezar cualquier presentación. Según la edad, la cultura o la impaciencia, se puede ser más serio, incluso rígido, pero también jovial o revoltoso.

Le toca a usted preparar entre bastidores la estrategia inicial más adecuada: una gracia o agudeza que ponga inmediatamente en marcha el buen humor o una anécdota o expresión sorprendente que atraiga la atención necesaria.

El contacto visual es un intercambio. Si ofrece a su público una mirada viva, directa, cálida, llena de contenido, tiene muchas posibilidades de que le devuelvan otra igual.

El mensaje pasa gracias a la vista, porque cada espectador observado se siente implicado. Mediante la mirada conservará constantemente el contacto con el público. Con *todo* el público y durante *toda* la alocución.

Así que debe usted tener… una mirada móvil. Y sobre todo, no mire fijamente durante mucho tiempo a la misma persona de la sexta fila, porque podría incomodarla. Ni a las dos o tres personalidades o famosos de la primera fila, porque entonces el resto del público se sentiría marginado.

¡Y tampoco deje que su mirada se pierda por el techo o por las láminas del parqué!

Lo mejor es pasear la mirada y posarla durante unas fracciones de segundo sobre todos los rostros que tiene delante, desde el más cercano hasta el más lejano, para poder encontrarse realmente con ellos, a merced de la situación y de sus palabras. Nadie tiene que sentirse olvidado en el momento de su alocución.

OTRO TRIUNFO DE LA MIRADA

La mirada es un valioso «antimiedo». La primera ojeada, en círculo, le permitirá descubrir que el público no le es en absoluto hostil. Incluso podrá percibir una gran benevolencia en las miradas, lo cual le permitirá relajarse…

El entorno

Cuando deba tomar la palabra ante un público, tenga en cuenta todos los elementos que le rodean, tanto en sus aspectos materiales como humanos.

Aspectos materiales

Es muy importante poder apreciar previamente el marco en el que tendrá que trabajar. No adoptará el mismo tono en el salón de un gran hotel o en una sala de fiestas que en un gimnasio, ni el mismo estilo si la intervención tiene como objeto presentar, entretener o informar.

Primer paso: infórmese tanto del número de plazas que serán ocupadas como de las cualidades acústicas de la sala y de sus medios de sonorización.

Hable inmediatamente con el técnico responsable del sonido, si es que lo hay. Con él tendrá que mantener el primer diálogo, puesto que serán compañeros durante toda la representación. Detrás de su mesa de sonido, él será incluso el dueño absoluto de su voz... Escuche sus consejos porque él conoce el lugar, y realicen juntos los últimos arreglos necesarios: recuento y revisión de los micrófonos con y sin cable, situación de los altavoces, verificación de potencia, ensayos de voz, luces diversas, etc.

Vaya a la sala para observar sus características: dimensiones, disposición de los asientos, eventuales columnas, balcones, entradas, salidas de socorro, etc. Siéntese, para ponerse realmente en el lugar del espectador.

Sobre el escenario, fíjese en su profundidad, las vías de acceso, la anchura de las cortinas (¡fíjese en la separación que hay entre ellas para no liarse al salir!).

Sobre un podio, evalúe su altura, sus dimensiones, sus posibilidades, etc.

Aspectos humanos

¿Cuál será su público: una asamblea de médicos o farmacéuticos, un club deportivo, una asociación ciclista, un comité central de empresas, varias clases de estudiantes de bachillerato?

¿Cuántos serán: 100, 200, 500, 1.000?

Es evidente que empleará un lenguaje determinado según el grupo en cuestión, el número, la edad media, la proporción hombres/mujeres, el nivel cultural, las motivaciones... pero también influye lo que usted tenga que presentarles: un audiovisual, un espectáculo de cabaré, una obra de teatro, una entrega de premios, etc.

En función del programa, usted establecerá el suyo propio.

¿Cómo piensa abrir la sesión? ¿Cómo creará el primer contacto, esa famosa «chispa» que alumbrará a sus espectadores? ¿Con una anécdota, un chiste, una cita? ¿Cómo valorará con eficacia al conferenciante o a los artistas que esperan entre bastidores? ¿Cómo llenará un tiempo muerto mientras se cambia el decorado (chiste o anécdota)? Y ¿qué *tono general* adoptará para dirigir bien la representación? Todos estos puntos tienen que ser planificados para establecer un buen guión.

> *NUESTRO PUNTO DE VISTA*
>
> *Entre lo que un presentador dice y lo que el público retiene, hay muchas diferencias. Estas diferencias pueden ser esquematizadas de la siguiente manera:*
>
> *— LO QUE YO PIENSO*
> *— LO QUE YO DIGO*
> *— LO QUE REALMENTE ESTOY DICIENDO*
> *— LO QUE OYE EL PÚBLICO*
> *— LO QUE ESCUCHA*
> *— LO QUE COMPRENDE*
> *— LO QUE RETIENE*
>
> *Además de ser entretenido o informado, un público, del tipo que sea, quiere ser... ¡sorprendido!, mediante imágenes breves y fórmulas de choque.*
> *En consecuencia, en su papel de animador, realice las intervenciones más sobrias posibles, es decir, con frases cortas y palabras contundentes. ¡Son las más eficaces!*

Los gestos

El gesto es el lenguaje mudo que acompaña a la palabra.

A menudo se puede adivinar lo que siente alguien con sólo observar sus gestos y su mímica. Los fruncimientos de cejas, el encogimiento de hombros o un dedo recto indican, por ejemplo, reprobación o cólera. Al igual que una mirada brillante, unos brazos abiertos y un contoneo pueden expresar alegría. En resumen: el gesto sincroniza la acción verbal y la acción corporal.

Cuando se habla en público, los espectadores decodifican con facilidad los mensajes que expresa el cuerpo del animador. Si los gestos se compenetran con las palabras, las refuerzan y transmiten sinceridad, los espectadores escucharán con más atención. Pero no ocurrirá lo mismo si el cuerpo adquiere cierta independencia en relación con el discurso... Después de la distracción que los diferentes movimientos suscitarán, se llegará a un punto de irritación, o incluso agresividad, por parte del público.

Lo que no se debe hacer

Al igual que se puede ser una víctima inconsciente de algunos lapsus del lenguaje, también se puede estar a merced de amaneramientos diversos e incontrolados cuando se habla.

Hay oradores que se acarician la barbilla o que se quitan las gafas. También los hay que se raspan mecánicamente la cabeza o se colocan bien la chaqueta. ¡Y qué decir de la típica conferenciante que juega constantemente con sus anillos, enroscándolos y desenroscándolos! ¡O de la vendedora de productos de belleza que echa hacia atrás su cabello con bruscas inclinaciones de cabeza cada treinta segundos! Es evidente que la repetición de un gesto a lo largo de un discurso perturba al público y monopoliza su atención. Si el objetivo no es obtener un efecto cómico, será todo un fracaso.

Observe a ese político que, sobre la tarima desde hace ya diez minutos, cruza las piernas y sostiene la base del micrófono con las dos manos, como un gondolero su pértiga, indignado contra su adversario... Sus temblores empiezan a alterar a los espectadores, que se ponen visiblemente nerviosos. «¡Vamos, maestro, una canción, una canción!» exclama, burlón, un espectador del fondo de la sala, provocando las carcajadas del público...

Y, si no, a ese jefe de ventas que comenta enfadado los malos resultados del mes, balanceándose, con un paso hacia delante, otro hacia atrás, luego dándose la vuelta, frotándose las manos con un jabón imaginario. Los cincuenta representantes que hay presentes están hipnotizados por su danza, siguen el ritmo y se balancean con él sobre la silla, totalmente ausentes del discurso en sí...

O ese presidente de la comunidad de propietarios en una asamblea general, sentado a una mesa, invadido por el miedo escénico, que aprieta y afloja el nudo de su corbata, como si fuera a ahogarse, al dar la lista de impagados. Y, de repente, uno de sus pies intenta descalzar al otro..., lo cual perciben los copropietarios que, divertidos, fijan la mirada en los zapatos y no prestan ninguna atención a las palabras.

Lo que debe hacerse

Si bien se suele hablar sentado en reuniones de comisiones, sesiones creativas y almuerzos de negocios, es preferible hablar de pie ante un grupo más numeroso. Y con más razón si se trata de instaurar un clima adecuado antes de la presentación de otros intervinientes.

Tendrá mucha más facilidad e impacto gestual si se presenta de pie al público. Pero cuidado: no está actuando en una película de vaqueros, así que nada de manos sobre las caderas, dispuestas a desenfundar un arma. Y nada de sacar pecho, ni de tener las piernas exageradamente separadas... Y, sobre todo, nada de rigidez. Debe situarse firmemente sobre el suelo, con las rodillas flexibles, para que el cuerpo se balancee de un pie a otro. Nada de esconder la cabeza entre los hombros; la nuca debe estar suelta, el busto recto y el rostro móvil, sonriente.

Si la sala está sonorizada, intente hablar con ayuda de un micrófono sin cables, que le permitirá efectuar algunos pasos, antes que un micrófono con pie, que le obligará a estar detrás de él y podría «comerse» su rostro para los espectadores que están más abajo.

Siempre que sea posible, es preferible que hable sin apuntes, porque si no tendrá las dos manos ocupadas, una con el micrófono y la otra con el texto. Lo ideal, evidentemente, es el micrófono HF (*high frequency*, de alta frecuencia), cogido a la corbata o a la parte posterior del vestido, que da total libertad de movimiento. Al ser de excelente calidad, cada día es más utilizado, y su uso generalizado evitará pronto a todos los animadores recorrer los escenarios con su «cucurucho de helado» delante de la boca.

Sin embargo, si está unido al amplificador por un cable, tome nota de este consejo: tenga la precaución de enrollarse un trozo de cable en la mano que sostiene el micrófono (véase dibujo inferior). De este modo evitará que el micrófono le sea arrancado de repente,

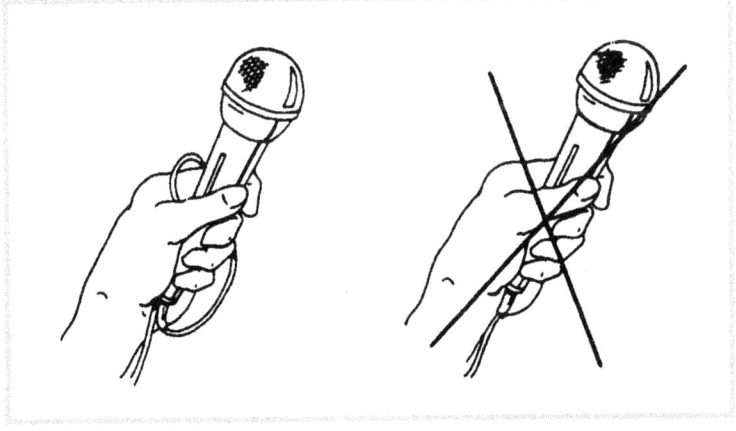

en plena actuación, cuando algún despistado pise el cable entre bastidores…

Respecto a los gestos más empleados, como debe suponer, no existe ninguna lista modelo.

Usted no es un pájaro de presa. Sus miembros superiores no son alas. ¡No las despliegue al hablar!

Tampoco es usted un soldado en posición de firme. Separe ligeramente los brazos del cuerpo. Como ocurre siempre, la justa medida es la que da los mejores resultados. Deje que sus manos acompañen sobriamente a las palabras, como hacen en sus actos cotidianos. Más que escondidas en los bolsillos, ellas exigen ser ilustradoras imágenes del discurso, señalar una palabra y exaltar los sentimientos. Al igual que las manos de un mimo, también pueden esbozar un gesto de recolección, enviar besos, mostrar cómo el corazón derrocha alegría o intensificar los vítores.

Así, puesto que el cuerpo habla, la expresión corporal no se puede disociar de la expresión oral. Antes de hablar, hágase siempre estas tres preguntas:

— ¿qué se espera de mí?;
— ¿qué debo aportar?;
— ¿qué forma asumir?

Resulta útil recordar que el gesto tiene que estar constantemente en consonancia con el tema del discurso. Por ejemplo, todos recordamos las imágenes del presidente ruso Khrouchtchev martilleando el atril con su zapato, para dar más énfasis a su discurso, durante una de sus famosas apariciones en público.

Sin caer en este tipo de excesos, de cauce político y espectacular, usted deberá marcar siempre una diferencia gestual dependiendo de las ocasiones.

Dicho de otro modo: según el adagio, usted sabrá unir el gesto a la palabra. Con toda probabilidad, no tendrá la misma postura en una empresa, en la inauguración de un monumento o en la apertura de un cóctel de despedida del año. El gesto será lento, preciso, y seguirá su respetuosa alocución al retirar la tela que cubre el busto. Será alegre y dinámico al pronunciar una palabra acertada mientras hace saltar el primer tapón de una botella de champán.

«En un orador, el gesto rivaliza con la palabra. Celoso de ella, corre tras el pensamiento y pide, también él, poder servir de intérprete», decía el filósofo Henri Bergson.

UN CONSEJO MÁS

Habrá podido constatar, en televisión, la prudencia de los presentadores y artistas cuando llegan al plató por las escaleras. Igual que hacen ellos, si puede, ensaye su entrada; luego, cuando llegue el momento, mire bien dónde pone los pies, sobre todo porque la potente iluminación y los «proyectores de seguimiento», al borrar las sombras, crean a menudo falsos puntos de referencia visuales... Cualquier caída podría, no sólo ser peligrosa, sino también detonar carcajadas nada deseadas (¡quizá sea cruel, pero una caída siempre hace reír!) y, por supuesto, comprometer la continuación del espectáculo.

El consejo también es válido para la salida de escena.

IMPORTANTE

El acto de habla le compromete. Le permite la comunicación, es decir, el contacto humano.
Hablar es estar en movimiento.
Hablar en público es superarse. Equivale a mostrarse un poco excepcional, nunca banal.
Domine al público con la mirada: de ese modo descubrirá que el auditorio no es hostil.
Respire siempre después de las primeras palabras: respirar es, al mismo tiempo, relajarse y «alejar» el miedo escénico.
No dé demasiados detalles de lo que intenta.
Aprenda a sintetizar.
El silencio es tan importante como la palabra: multiplique los silencios, durante una lectura, para mirar al auditorio.
No se deje apresar por un texto: desconecte lo oral de lo escrito.
No deje que el final de sus frases decaiga.
Libere su rostro: ¡desenmascárese!
Ponga su sonrisa en la voz.
El gesto está celoso de la palabra: deje que también sea intérprete.
¡Muéstrese vivo!

Hablar ante un auditorio

En el capítulo anterior se han expuesto las técnicas de expresión corporal y oral. Por supuesto, aprenderá a dominarlas mediante la práctica. Y también se dará cuenta de los aspectos que debe perfeccionar. En este campo, la grabadora y el espejo son accesorios indispensables. No dude tampoco en pedir, con total humildad, opiniones a quienes le rodean, después de sus discursos. «Uno es mal juez de uno mismo», dice con mucho acierto la sabiduría popular. Puesto que usted desea dirigirse con frecuencia a los demás, es normal que sepa cómo perciben su expresión, lo que les gusta, lo que no les gusta tanto y lo que les disgusta completamente. Si las apreciaciones recibidas concuerdan con estos mismos criterios, hay grandes posibilidades de que sean exactas, por lo que tendrá que ser consciente de ello y tenerlas en cuenta.

Por ejemplo, mantener la sonrisa en todo momento, eliminar las muletillas lingüísticas, *es decir, totalmente*, que invaden el discurso, conservar la costumbre de mirar a sus interlocutores como sólo usted sabe, pero, en cambio, ralentizar su cadencia y hablar un poco más alto, porque no siempre se le entiende o se le comprende.

Aunque estos defectos pueden ser no demasiado molestos en presencia de dos o tres personas, suelen hipertrofiarse y ser inoportunos, y no suelen superar la prueba cuando uno tiene un micrófono en la mano y está ante un grupo numeroso.

A continuación, se mostrará con detalle cómo abordar un auditorio. No se dirigirá a un público de una sala de fiestas del mismo modo a como se dirige a sus amigos en el comedor de su propia casa. Tampoco tratará el tema, cualquiera que sea, de la misma forma. Por la misma razón que cien personas no reaccionan igual que tres.

Cuando vaya a realizar un discurso, se encontrará ante un grupo de personas —más o menos numeroso, dependiendo— y, de algún modo, deberá *asumir el poder*. Si esto le pone nervioso, tranquilícese: es totalmente factible y no hay grandes dificultades.

Las reglas del arte

Conocer el tema

Primeramente, tomar la palabra en público implica, evidentemente, que usted conoce perfectamente su texto. Y este puede ser *recitado de memoria*, *leído* o *improvisado*.

Textos recitados de memoria

Se trata de un texto que ha sido aprendido totalmente de memoria. Nada se deja a la improvisación.

Cuidado: esta fórmula de «palabra a palabra» es peligrosa; sea cual sea el texto y el tema del que se habla, en caso de un lapsus de memoria podrían surgir dificultades que impedirían continuar con el discurso, y el público se percataría rápidamente de ello.

Además, un texto aprendido de memoria tiene que ser interpretado. Y ello implica unos riesgos: eliminar, mientras se recita, toda espontaneidad, y darle una apariencia «almidonada», a menos que quien lo recite tenga aptitudes de cómico. Pero, tal y como ya se ha comentado anteriormente, el animador no es un cómico.

Por último, conviene señalar que al recitar un texto de memoria se anula toda participación por parte del público. Este deberá esperar a la última palabra del discurso para reaccionar y expresarse. Esta técnica, pues, es poco compatible con el juego de la animación, que consiste en réplicas y diálogos. Por tanto, puesto que no se adecua en absoluto a los objetivos generales de un animador, esta técnica expresiva es desaconsejada.

La lectura

Esta técnica, a diferencia de la anterior, sí es válida, con la condición de no ser un prisionero del texto.

Resulta práctico tener pequeñas fichas (formato de bolsillo) con notas concisas que podrá consultar, si es posible, antes de intervenir. Por ejemplo:

— los títulos de un conferenciante y los grandes rasgos de su exposición (¡evidentemente sin tratar el tema en su lugar!);

— la lista de las personalidades presentes (ampliada con algunas líneas sobre cada una de ellas);
— los nombres de los músicos de la orquesta (amenizados con algunos compases acordados, tocados por los instrumentistas).

En la lectura, la mirada es fundamental. Como usted bien sabe, no se puede abandonar con la mirada al público durante mucho tiempo. Si es necesario recurrir a las notas, durante la lectura conviene mirar al público durante uno o dos segundos después de cada frase o nombre pronunciado. De esta forma no perderá el contacto y demostrará que es su mirada la que lleva el mensaje.

Si no tiene la precaución de adoptar esta medida de control de la sala, y permanece mucho tiempo con la mirada baja, sobre la ficha, los espectadores no tendrán la impresión de que el texto esté siendo leído para ellos; y entonces empezarán los cuchicheos, los ruidos provocados por las sillas o los tristes carraspeos de garganta...

La improvisación

Este procedimiento es, sin duda, el mejor para un animador.

No obstante, conviene aclarar el significado de esta palabra. En animación, improvisar no significa decir cualquier cosa en el momento. Se trata de hacer un recuento previo de las ideas; de ordenar los elementos verbales, es decir, de crear. Posteriormente, se eligen las ideas que se emplearán ante el público para ilustrar cierto discurso, el cual sí se habrá preparado previamente, pero no bajo la forma de frases sino de bocetos.

Desde el presentador de cabaré o de circo, hasta el guía turístico, pasando por el comentarista de una carrera ciclista, todos ellos en su especialidad raramente inventan palabras clave durante una presentación. Conocen perfectamente el contenido de su texto, que ha sido puesto a prueba, experimentado o incluso cronometrado, dependiendo de los casos. Cada uno de ellos tiene su reserva de analogías, retruécanos, anécdotas, imágenes, que utilizará en el momento oportuno para subrayar un efecto o amenizar una situación.

Esta técnica es la más eficaz, porque permite al mismo tiempo:

— *simplificar:* al auditorio no le gustan las introducciones demasiado largas, dubitativas o ampulosas;
— *olvidar:* esto puede parecer paradójico, pero es importante olvidar la manera de parecer auténtico, flexible, y dedicar todos los esfuer-

zos al verdadero fondo del discurso, mostrando claramente lo que se quiere transmitir, a semejanza de un pianista, que olvida las teclas de su instrumento y deja que sus experimentados dedos expresen el alma de los sonidos;
— *dominar:* es decir, controlar perfectamente lo que se dice y, en consecuencia, ser profundo y eficaz.

En esto consiste la improvisación; es, ante todo, una preparación, y no hay que confundirla con la inspiración.

Esta última también existe en animación, sobre todo cuando el animador tiene que reaccionar de manera inmediata ante una circunstancia imprevista e imprevisible; por ejemplo, un diálogo no programado con otra persona que interviene en escena o la interpelación de un espectador de la sala.

En estos casos son necesarias y requeridas todas las cualidades del animador, tanto si son de procedencia «divina», como la inspiración, como si proceden de la creatividad personal de cada uno. Eso sí, son imprescindibles un buen sentido del humor y la *capacidad de reacción*.

Hacerse oír

Hacerse oír constituye la lógica misma de cualquier ejercicio de expresión oral.

¡Y eso no significa que haya que desgañitarse!

La preocupación por hacerse oír implica un control de la propia voz, ya que una voz tranquila y bien timbrada llega tanto a la primera fila (sin molestar) como al fondo de la sala (con claridad).

Así pues, usted debe regular la voz como si se tratara del volumen de un amplificador, para producir una simbiosis armónica de tonos graves y agudos, que sea agradable al oído de los oyentes.

A excepción de las reuniones con un público limitado, ninguna presentación, junta... se lleva a cabo hoy en día sin sonorización. Ahora bien, el uso de esta herramienta exige un aprendizaje. Instintivamente, y aun teniendo un micrófono en la mano, la tendencia inicial es hablar fuerte, cuando lo más aconsejable suele ser expresarse con normalidad, sin forzar la voz. Generalmente, el primer intento, la primera prueba, invita incluso a bajar el tono normal de voz, por lo potentes que son los amplificadores actuales.

Es imprescindible disponer de una sonorización de calidad. Muchas intervenciones suelen fracasar por culpa de equipos de sonido mediocres o deteriorados por manipulaciones incorrectas o falta de mantenimiento.

Esto sirve tanto para salas de fiestas comunitarias como para salones de grandes hoteles, cuando no hay un encargado de material. Para prevenir estas eventuales contrariedades, muchos animadores ya tienen su propio equipo de sonido portátil, y lo cuidan desmesuradamente, ¡como la mayoría de cocineros itinerantes, que nunca se desplazan sin sus juegos de cuchillos!

Si tiene que actuar con mucha frecuencia, le aconsejamos fervientemente esta inversión —un amplificador y uno o dos canales de sonido, con un juego de micrófonos (interior y exterior, con o sin cable), y todo ello protegido con fundas.

UN CONSEJO IMPORTANTE

Cuando ensaye con la voz, intente mantener la distancia adecuada entre la boca y el micrófono. No siempre es necesario tenerlo pegado a los labios para hablar, sino que normalmente hay que tenerlo a unos diez centímetros.

Hacerse entender

Pero no sólo tiene que ser oído, sino que debe ser comprendido para captar al público… ¡antes de cautivarlo!

A tal efecto, hay que respetar tres reglas esenciales. Son las últimas recomendaciones expuestas, pero no por ello las menos importantes. Afectan a la nitidez del mensaje, a su comprensión, y, en consecuencia, también a posibles incomprensiones.

HABLE INTELIGIBLEMENTE

¿Tiene usted acento de Andalucía o de Cataluña, entonación de las islas Canarias o de Zaragoza? ¿O quizás una pronunciación demasiado empalagosa? Si no son muy marcados y no impiden la comprensión, ¡conserve tales rasgos! No tiene por qué abandonarlos a la fuerza. España es rica en su diversidad cultural y tiene que conservarla precisamente mediante sus diferentes acentos.

Así pues, la intención de esta obra no es dirigirle hacia una lengua estándar y descolorida que, por supuesto, traicionaría su personalidad. Lo más importante sigue siendo el sentido del discurso, la comprensión del mismo. Cuando se exprese fuera de su región, delante de un nuevo patio de butacas, al público no le importará si usted tiene una cadencia demasiado rápida o excesivamente lenta, si se come algunas sílabas, el acento que emplee... mientras comprenda lo que le está diciendo. En resumen: la forma nunca debe escamotear el fondo.

¿Qué se puede hacer? Respuesta: sea cual sea su acento, ¡articule bien!

¡DESCODIFIQUE SU MENSAJE!

Su mensaje tiene que ser *descodificado*, es decir, tiene que estar exento de términos demasiado técnicos o cultos (¡aun cuando sea usted el animador-moderador de un debate médico!). Las palabras complicadas no suelen ser bien captadas y pueden irritar al auditorio, hasta llegar a romper el ambiente que había conseguido, o incluso dar una imagen pretenciosa de usted mismo.

Recuerde que todo discurso, aunque el público emplee el mismo vocabulario que usted, no siempre se comprende del mismo modo, ya que cada uno realiza su propia interpretación. Por tanto, conviene *simplificar* el lenguaje, sobre todo en actuaciones de entretenimiento, porque el público está allí para relajarse gracias a usted.

La expresión oral implica, por tanto, una constante preocupación por controlar la emisión y la recepción de los mensajes.

Así pues, tendrá que asegurarse constantemente de que su discurso es seguido... y comprendido. Por medio de la vista y del oído podrá informarse con regularidad del grado de atención de sus oyentes.

¡TENGA CONTROLADO EL AUDITORIO!

Animar, sea donde sea, a menudo implica enfrentarse a circunstancias molestas. Sobre todo a los clásicos y diversos ruidos que, de hecho, son los ruidos de la vida cotidiana: conversaciones, tos, sillas que se arrastran, entradas y salidas inesperadas, teléfonos móviles, aviones a baja altura, etc. Si oye ronquidos entre el público, despabile... ¡posiblemente sean culpa suya!

Estas perturbaciones pueden adoptar la forma de auténticas agresiones y ser perjudiciales para el buen desarrollo de la presentación y para su eficacia. Los animadores de cabaré, limitados por los ruidos de los tenedores, saben mucho de ello…

A pesar de todo, ¿cómo puede controlar la situación?

Permanezca tranquilo, pero atento; conserve el contacto con el público, por ejemplo, mediante cambios de tono y reformulaciones. Todo acompañado, eso sí, de su sentido de la improvisación y de una maravillosa sonrisa.

Una repentina subida de volumen o, por el contrario, un brusco silencio suelen ser suficientes para sorprender y neutralizar a los charlatanes. Al igual que una palabra justa, al estilo satírico, dirigida a la persona que molesta, normalmente genera una carcajada que restablece el contacto.

También tiene que estar alerta a las bajadas de atención por parte del público, y en consecuencia a las inevitables desconexiones con el discurso. Un plato que un camarero vierte sobre un vestido o la caída de una columna de platos pueden despertar a los dormidos, es cierto, pero también provocar ciertas turbulencias indeseables entre los espectadores. Por tanto, es conveniente minimizar alegremente el incidente y, enseguida, encadenarlo a un resumen rápido de los objetivos del discurso, para retomar el hilo.

No dude en reformular el discurso de este modo cada cierto periodo de tiempo, reduciendo, así, el esfuerzo de *descodificación* que el público deberá realizar. De esta forma, lo estará poniendo en mayor disposición de escucha y limitará las desconexiones ya citadas.

UN CONSEJO TÉCNICO

Hacerse oír y hacerse entender significa también no dejar que decaiga el final de las frases. Las últimas palabras de cada frase tienen que ser expresadas con el mismo vigor que las demás —porque si no es posible que vea aparecer muecas interrogativas en los rostros y manos que se dirigen a las oídos… indicando que no se oye.

Como muestra el siguiente esquema, la emisión-recepción del mensaje está expuesta a «parásitos» y pérdidas, al igual que las ondas radiofónicas. Usted es el responsable de regular lo mejor posible el *ca-*

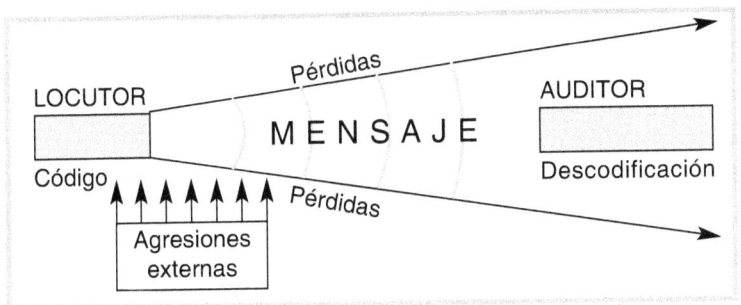

nal emisor para procurar el máximo confort de escucha a los oyentes.

La comunicación eficaz

Una preparación mental

Ya ha quedado patente que una buena expresión oral exige la intervención de tres acciones:

— la acción verbal;
— la acción corporal;
— la acción interior.

    Evidentemente, la última dirige constantemente a las otras dos. Dicho de otro modo: en este caso es la energía invertida, y después las emociones —también la autenticidad de estas—, la que, pasando por la palabra y por el cuerpo, revela las cualidades del animador. Así pues, usted, antes de cualquier actuación, tiene que concentrarse en su preparación mental. Bien conducida, favorecerá a su posterior participación física. Simplemente con una correcta alimentación (comidas no demasiado pesadas y sin esos falsos euforizantes como son el alcohol o el tabaco) y un sueño regular, como se dice en el oficio, ¡tendrá usted mucha marcha!
    Para comunicarse bien con el público, es decir, para establecer una relación de doble sentido, es recomendable, en primer lugar, comunicarse bien con uno mismo. Estar a gusto con uno mismo es una condición esencial para ser eficaz. Por tanto, el acto de la animación pasa primero por una sincera autoevaluación psicológica:

— ¿tengo confianza en mí mismo?;

— ¿por qué tengo ganas de llegar a los demás?;
— ¿estoy dispuesto a dar y recibir?;
— ¿puedo demostrar modestia y tolerancia?;
— ¿qué defectos debo eliminar?;
— ¿qué cualidades debo perfeccionar aún?

Estas son algunas preguntas que debería hacerse previamente a cualquier exteriorización de su personalidad. Porque más allá de cualquier técnica y de cualquier sensibilidad, desde el momento en que desee influir en un grupo, su responsabilidad intelectual (eventual generadora de miedo escénico, como se ha visto) también tiene peso. Por tanto, hay que actuar con plena conciencia.

Una cuestión de equilibrio

Cuando tome la palabra en público, el éxito depende de la armonía permanente de los tres elementos —verbal, corporal e interior—. A continuación, se esquematizan los parámetros de tal equilibrio.

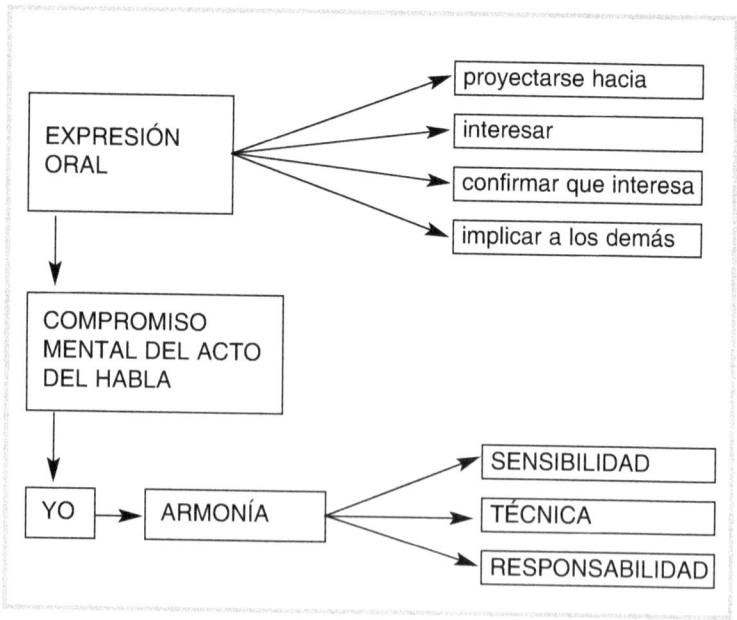

UN ÚLTIMO CONSEJO

A lo largo de las páginas se ha expuesto la esencia de la comunicación y, cómo no, de la animación. Ya sabe, si tiene cualquier duda, es preferible volver a leer las páginas o revisar algunos puntos específicos.

Ahora ya sabe que el dominio de las técnicas de expresión oral y corporal es indispensable para realizar animaciones eficaces. También sabe que este arte puede adquirirse y, por supuesto, perfeccionarse a través de la experiencia. También se le ha indicado que, una vez en situación, es decir, en plena actuación, hay que olvidar la forma —poco a poco se convertirá en un acto reflejo— para centrarse en el fondo, que exige toda la atención.

Cuando el conjunto de criterios técnicos citados anteriormente funcione en usted como un automatismo, recuerde simplemente una consigna, únicamente una: ¡hable siempre desde el corazón!

Esa será la clave de su éxito.

IMPORTANTE

Debe conocer el tema del que va a hablar.
Desconfíe de lo que se aprenda de memoria, porque perjudica su espontaneidad.
La lectura es posible... si no abandona demasiado tiempo al público con su mirada.
Controle constantemente al auditorio.
Haga siempre introducciones cortas.
Presentar a un conferenciante... no es hablar en su lugar.
Improvise, es decir, cree espontáneamente a partir de un boceto: es el dominio de este plan el que le permitirá olvidarse de la forma.
Regule la voz como si fuera un receptor de radio. ¡No la sature!
Un micrófono sirve para amplificar la voz, no para hablar más alto.
Un micrófono pegado a la boca resulta molesto para la voz... y esconde el rostro.
Cada cual tiene su acento. Lo importante es articular para ser bien comprendido.

(continuación)

¡Nada de palabras demasiado cultas! El público aprecia el lenguaje sencillo.
Un auditorio siempre se distrae con ruidos diversos. No tema resumir de vez en cuando para mantener el contacto.
Para neutralizar a los charlatanes, utilice cambios de tono o silencios bruscos (con la sonrisa).
La toma de palabra en público exige una buena forma física.
Desconfíe de los falsos euforizantes como el alcohol y el tabaco.
La expresión oral pasa también por una preparación mental: comunicarse es, ante todo, estar de acuerdo con uno mismo.
Animar es influir en los demás y ser consciente de ello: todo discurso implica la responsabilidad intelectual del hablante.
Sea sincero. ¡Hable siempre con el corazón!

La animación comercial

Comunicar es vender.
 Conscientemente o no, siempre se intenta vender algo a alguien.
 En primer lugar, nos vendemos nosotros mismos: con nuestra manera de ser y de actuar, con nuestra forma de pensar, nuestros puntos de vista, nuestras propuestas…, que deseamos que los demás acepten.
 Si sabemos convencerlos, nuestros interlocutores se unirán a nuestro comportamiento y a nuestras ideas. Y, en cierto modo, se convierten en nuestros compradores. Gracias a esta fuerza de convicción el político vende su programa a sus electores. El estilista vende la idea de chaquetas más anchas o vestidos más cortos. ¡O usted mismo vende su proyecto de viajar a la isla de Mallorca a su propia pareja! Y todo ello sin que en realidad se trate de un verdadero acto de venta entre los interlocutores. El gasto, en el sentido financiero, sólo interviene en una segunda etapa, ya sea en forma de billete de avión, de vestido… o de impuesto local.
 Así pues, comunicar también es vender, porque desde que sabe convertir los sonidos en palabras, el ser humano se sirve de estas para modificar el pensamiento de sus semejantes e influir en ellos.
 En boca de los propagandistas, la palabra constituye evidentemente una temible arma. Cuando la expresión oral tiene como único objetivo generar una compra, por medio de la información y de la diversión, cualquier intención tiene una finalidad diferente.
 Y esta es la misión del animador-promotor. Se trata de valorizar un producto y poner al público en disposición de compra al mismo tiempo.
 Personalmente creo que la animación desde el punto de vista de la venta, como profesión reciente, depende aún más de una forma de acompañamiento comercial y, por tanto, de un servicio a la clientela.
 ¿Cómo llegar a ser un animador comercial eficaz?

La venta-espectáculo

Grandes superficies

¿Quién no ha sido nunca presa del vértigo al entrar en unos grandes almacenes?

Auténticas ciudades dentro de la propia ciudad, con sus mercancías construyendo rascacielos que se pierden en las alturas, largas avenidas de alimentación, calles de equipos de música y paseos con todo para el bricolaje... ¡las grandes superficies están realmente bien definidas por su nombre!

Se ha dicho de todo acerca de las ventajas de esta forma de comercio moderno, símbolo de la abundancia, nacida en Estados Unidos después de la segunda guerra mundial: desde la facilidad de acceso hasta la compra impulsiva y con total libertad, desde la gran gama de artículos hasta los precios competitivos que generan la afluencia de clientes...

Pero también tiene inconvenientes. Ambiente frío, lenta circulación con un carrito voluminoso, mala localización de los estantes, ausencia de vendedores, larga espera en las cajas, etc. Tantas limitaciones que pueden resumirse en una triste palabra: deshumanización.

La garrafa de lejía es más barata y el *pack* de cervezas sale más a cuenta... pero todo a costa de la desaparición del contacto humano. Los directivos de estas grandes superficies constataron rápidamente ese vacío e intentaron llenarlo envolviendo al cliente en música. Pero entre los bloques de productos todavía faltaba lo esencial: una presencia de carne y hueso.

Y de ese modo apareció el animador comercial —otra idea americana— hace unos treinta años. Su papel: dar vida a las estanterías, personalizar los artículos y, sin reemplazar realmente al vendedor, incitar al visitante a la compra.

¿Cómo? Instalando en el lugar concreto un auténtico triángulo afectivo: *animador-producto-cliente*.

Los publicistas conocen muy bien este fenómeno. No compramos una pasta de dientes únicamente por sus propiedades limpiadoras, sino en gran medida también por el contexto y las emociones que la envuelven. «Dientes blancos, aliento fresco» es un eslogan que tuvo mucho éxito porque dice mucho más que una larga argumentación técnica sobre el dentífrico en sí.

Es este ambiente emocional el que el animador vende al público.

De repente, la clienta que hace la compra con su hijo es amablemente llamada, es decir, reconocida, valorada en medio de la multitud. ¿Qué le dice el hombre del micrófono? Algo como que tiene una bonita mirada, un bonito vestido, un hijo muy guapo. Cumplidos inocentes, incluso fútiles, que, sin embargo, influirán en la interesada, porque recrean el carácter familiar perdido del pequeño comercio. En una palabra: diálogo. A continuación, el animador informará a la joven mamá de las cualidades nutritivas de un nuevo yogur de frambuesa que su hijo ya se está comiendo con los ojos. O de las de un champán rosado en promoción que, sin duda, iluminará el siguiente domingo, ¡precisamente el Día del Padre!

¿Comprará? ¿No comprará? Esta madre de familia sigue siendo perfectamente libre de tomar una decisión. El animador no está allí para forzar a la clientela a comprar, sino, un pequeño matiz, para favorecer el encuentro con los productos. Para introducir en escena a estos últimos, valorizarlos; en cierto modo, para darles protagonismo. Esta introducción, que les concede la palabra a través del presentador, depende sin duda del juego de la *seducción*, que a nuestros ojos es, no obstante, diferente del de la *manipulación*.

La animación comercial seria pretende ser esencialmente una herramienta de presentación, de proposición, y en ningún caso un instrumento de engaño. Si se siente atraído por este sector de actividad, es muy recomendable que antes de empezar a trabajar compruebe que los productos que va a promover merecen su total confianza. Si no es así, ¿cómo podría usted pedir la confianza de la clientela? En ningún momento se ponga al servicio de marcas o de prácticas dudosas, porque podría perder credibilidad. Esta eventualidad no es muy frecuente en las grandes superficies de renombre. Sin embargo, vaya con cuidado en los periodos de rebajas, que ponen a la venta mercancías que no se habían vendido, y que a veces son poco fiables, de una estación a otra.

Un cliente le guardará rencor si, en medio de las turbulencias de una oferta que usted promueve, compra un par de zapatos desparejados... de los que sólo ha podido probarse uno. ¡Y, por supuesto, por ser rebajas, no se le devolverá el dinero ni se le cambiarán por otros!

Animadores, demostradores, vendedores

La confusión de tales términos es muy frecuente, pero a continuación se exponen claramente las diferencias:

— el *animador* es el que sugiere a la clientela la idea de comprar un producto;
— el *demostrador* es el que, como su propio nombre indica, muestra el funcionamiento del producto;
— el *vendedor* es el que, según la situación, procede al acto contractual de venta.

Es cierto que las tres funciones se suelen mezclar y que existen animadores-demostradores, demostradores-vendedores y animadores-demostradores-vendedores.

Por tanto, usted también debe, antes de trabajar, exigir a su jefe un contrato escrito en el que se especifique cuál será su función. Lea ese documento con atención antes de firmarlo.

¿Por qué tanta precaución?

Porque la parte contratante puede ser:

— el fabricante del producto que usted promoverá;
— un distribuidor de marcas;
— una agencia de publicidad;
— un organismo especializado en animación;
— el minorista (supermercado, ultramarinos, gran almacén, etc.).

Ahora bien, al no ser iguales las motivaciones y las esperas de estas firmas, es importante que su prestación personal esté claramente definida y notificada.

Recuerdo una de mis primeras animaciones en un punto de venta en el que el encargado de un supermercado me había querido tomar el pelo... Cuando le dijeron que iba a llegar un animador, sacó de todos los estantes productos no vendidos (¡y no vendibles!). Así que la primera mañana me encontré en compañía de una vendedora más bien molesta delante de una pila de camisones de rayas, una colección de despertadores mecánicos y un montón de sillas de jardín de madera ¡que dejaban de piedra a la clientela! Tuve que parlamentar mucho con el director para persuadirle de que, en ese caso, mi papel no era el de promover cosas pasadas de moda. Y, por la tarde, afortunadamente, la estrategia promocional fue revisada y corregida y tuvimos un éxito rotundo con los nuevos productos.

Es cierto que el objetivo final del minorista es vender, pero el del animador es animar el punto de venta. Evidentemente, si usted se limita contractualmente a esta tarea, la persona que le contrata no puede exigirle unos resultados, es decir, no puede exigirle que asegure una cifra determinada de productos vendidos. Vender no es su trabajo, a menos que se le contrate como animador-vendedor y ese sea su deseo.

Pero esto no quiere decir que el animador deba quedar siempre exento de toda participación en el acto comercial. Por el contrario, puede ser muy formativo para usted el hecho de implicarse en la venta echando una mano al vendedor. Eso significa ir voluntariamente más lejos que la estricta introducción de los productos, la distribución de regalos o la realización de juegos.

Argumentar, responder a las preguntas, convencer, pero también preparar un surtido o envolver un paquete es, en el fondo, intercambiar y acercarse aún más al público. La animación comercial que depende del trabajo en equipo se convierte en una escuela excelente para todas las demás formas de animación.

Muchos animadores de renombre en el mundo del espectáculo han dado sus primeros pasos en el comercio antes de conquistar las emisoras de radio y las cadenas de televisión. El simpático y acogedor Jean-Pierre Foucault, una de las estrellas más populares de la radio francesa, recuerda en uno de sus libros[3] que fue representante de llaveros, y muy orgulloso de serlo, antes de entrar en Radio Monte-Carlo. Por su parte, el cómico y turbulento Christophe Dechavanne trabajó en una gasolinera, además de hacer otros pequeños trabajos, antes de convertirse en esa «emblemática figura de la televisión postmoderna», como lo describen los periodistas Fabrice Pliskin y François Reynaert.[4] Y estos son sólo unos ejemplos, entre muchos otros, de que el gusto por el contacto humano, la necesidad de conocer, las ganas de convencer y, simplemente, el altruismo constituyen caminos que un día pueden confluir en el mundo de la animación.

¿Qué es la promoción?

Actualmente es una palabra muy empleada.

Promoción de un artista, de un álbum, de una marca o de un producto. Se *promueve* o, según el lenguaje actual, se *promociona* mucho hoy en día... ¿Qué intención hay detrás de este verbo?

Más allá de su significado clásico, progresión ascendente dentro de una jerarquía, el término *promoción* actualmente también designa al

---

3. *Est-ce que la mer est belle aujourd'hui?* Éditions Presses-Pocket, 1991.
4. «La coronación del cangrejo», *Le Nouvel Observateur*, n.º 1.455.

conjunto de técnicas utilizadas para dar a conocer y crear la notoriedad de una persona o de un producto. En este último caso se trata también, en cierto modo, de un «adelanto» de la mercancía en cuestión, con todas las acciones que haya que hacer sobre el terreno decididas por el departamento de mercadotecnia de la empresa; es decir, actos capaces de aumentar el volumen de negocios: campañas de información al público, precios especiales, PLV (publicidad sobre el lugar de venta, expresión inventada por el publicista y accionista Richard Nelkène durante los años sesenta) y, de un modo general, todas las formas de ayuda a los minoristas en torno al producto.

La animación constituye una de ellas, y actualmente es reconocida como una *herramienta comercial* indispensable.

Retomando el tema de las grandes superficies, lugares privilegiados para la promoción, quizá convendría definir bien el término. Una gran superficie es un gran almacén de libre servicio, con toda clase de productos y con una superficie de 400 a 2.500 m². El supermercado, por su parte, también es una tienda de libre servicio pero donde predominan más los productos alimenticios; además, es de menores dimensiones, entre 100 y 400 m². Así pues, la acción del animador no se reduce a los primeros, sino que hay muchos otros espacios promocionales que exigen la intervención puntual de un animador.

Al lado del mercado tradicional, evocado como introductor y lugar de convivencia por excelencia, instalaron supermercados y grandes superficies, competidores directos de los grandes almacenes, que siguen siendo toda una institución para los animadores. Posteriormente, en las ciudades aparecieron salones o ferias anuales específicas (del automóvil, del libro, de antigüedades… e incluso de la videncia y la parapsicología). Además, a lo largo del año se multiplican las diferentes manifestaciones comerciales del tipo mercadillos, chamarileos y quincenas comerciales, con más vida que nunca. Sin olvidar, por supuesto, toda la variedad de ferias dedicadas al vino, al queso, a la ropa o a oportunidades de todo tipo. Tantas denominaciones, tantos sectores de actividad, que son la perpetua y maravillosa excusa para la comunicación, la oportunidad para todo animador.

Por supuesto, no hay que olvidar los puestos ambulantes, una categoría especial de comercios. Generalmente son grandes furgonetas-escaparate muy populares en determinadas competiciones deportivas, como, por ejemplo, la Vuelta ciclista a España, *rallys* automovilísticos, carreras de motos…

Los trámites comerciales cuestionados aquí son totalmente representativos de la venta-espectáculo. En primer lugar, se trata de ofrecer una auténtica fiesta para la vista y los oídos a espectadores masificados alrededor de los puestos o ante los podios, con la reproducción fiel de los símbolos de las marcas que aparecen en la televisión —el rojo y el blanco empapados de Coca-Cola, el emblemático toro de Osborne, el verde y blanco del equipo ciclista Kelme…— y, por supuesto, con las respectivas músicas al ritmo de las luces cruzadas de los proyectores una vez llegada la noche.

En ese alegre ambiente, el animador oficia en su plató y defiende su marca: este repartiendo llaveros, aquel distribuyendo gorras entre el público y aquel otro presentando al cantante sorpresa de la velada, que acompaña el acto o la gira.

Y después de esto viene la venta de camisetas con la figura del protagonista, lotes de revistas y tres tabletas de chocolate por el precio de dos. ¡Es una promoción!

El animador comercial en acción

En unos grandes almacenes

El animador comercial es, por tanto, un promotor.

Favorece la venta de los productos *creando el acontecimiento* alrededor de ellos, es decir, tiene en cuenta el lugar en el que hace su trabajo y adopta, para hacerlo, el tono que convenga.

Imagine que su agencia le envía a un gran almacén en ocasión de las fiestas de Navidad. ¡Estupendo! Si puede, acuda al lugar el día antes de la animación para captar el ambiente, recorra desde la planta baja hasta la última. Y con más razón si debe trabajar allí varios días. Debe saber que el hecho de presentarse sólo una hora antes de empezar a trabajar le privará de obtener una enorme cantidad de indicaciones muy valiosas. Sean los grandes almacenes que sean, cada establecimiento tiene su estilo, su modo de funcionar, su tipo de clientela. Fíjese en la disposición de los estantes y las mercancías, los sentidos de circulación y la situación de las escaleras, las escaleras automáticas y los ascensores. Observe los estantes en los que trabajará y los que rodean a estos. Y, por último, observe a la gente comprar y escuche los intercambios verbales que se realizan.

Este análisis de la empresa no solamente le dará una primera idea de su lugar de trabajo, sino que suscitará en usted preguntas de las que tomar nota, y a las que deberá responder. ¿Cuál es la clientela de los lunes por la mañana? ¿Cuáles son las horas de mayor afluencia?

¿Qué estantes son los más frecuentados en estos momentos? ¿Cómo se organiza la presencia del personal?

Ahora ya está preparado para encontrarse con el o la responsable que le acogerá y responderá a sus preguntas. Conocer el historial de los grandes almacenes, su estructura actual y su filosofía no es superfluo, ya que usted valora a su interlocutor al solicitarle tal información, al tiempo que se enriquece de manera útil. Por esta razón, no debe dudar en documentarse. De hecho, los directores siempre están orgullosos de dar al visitante un bonito folleto en el que se relata el desarrollo del negocio, desde su creación por el padre fundador hasta nuestros días.

MUY IMPORTANTE

Acuerde con los responsables qué tipo de vestimenta deberá llevar cada día de la animación. Un polo, unos pantalones tejanos desgastados y unas zapatillas de deporte seguramente no serán muy apreciados en la sección de perfumería, al igual que un serio traje gris con cuello inglés y corbata podrían ser bastante sorprendentes ante un estante de mantequillas y quesos.

Finalmente, tras este tiempo de localización y preparación, usted ya forma parte de la casa y, lo cual es importante, ¡se siente casi como en su casa antes de empezar la animación!

NADA DE PASOS EN FALSO, NADA DE IMPROVISACIONES...
NO PREPARADAS

Acérquese a todo el personal, con una palabra amable para cada uno, desde el jefe de sección hasta los vendedores. Con su disponibilidad y con su amabilidad, actúe de manera que piensen «¡Es de los nuestros!», antes que «¡Qué presuntuoso, ese tipo!». Como ya se ha apuntado, usted realiza un *trabajo en equipo.*

Los grandes almacenes suelen estar equipados con micrófonos sin cable, que permiten una gran libertad de movimientos. Salvo excepciones, por tanto, no deberá permanecer estático sino que deberá desplazarse por la sección, entre los clientes. Infórmese acerca del perímetro de alcance, ¿la sonorización se limita a la sección en la que se encuentra, a la planta o a todo el edificio? Si cabe, pida que detengan la música de fondo, por muy baja que suene, antes de su ensayo de voz y, por supuesto, durante su presentación.

¡Ya está!

Su misión está bien definida. Imagine que está en la sección de ropa de caballero. Tiene que hacer promoción de «Tres días de ropa de verano». Quizá sea usted mismo, en este caso, el hombre-producto, vestido especialmente por el centro comercial, y a petición suya con los modelos de la sección. Usted lo sabe todo (¡o casi!) sobre las tendencias del verano, los nuevos tejidos, los nuevos colores, las tallas disponibles, los precios (acuérdese de llevar una… chuleta en el bolsillo).

¡Muéstrese!

¡No empiece la animación escondiéndose detrás de un pórtico! Puesto que no se halla sobre un podio, colóquese primero en un lugar destacado, en el que todo el mundo lo pueda ver. De ese modo evitará que la gente busque entre los trajes de dónde procede esa voz.

No permanezca anónimo. Con el saludo, dé su nombre para personalizar la presentación, «Les habla Miguel Fernández», presente la promoción, la sección desde la que emite, y sitúese en el establecimiento facilitando los medios de acceso (previo interés de localización). Para crear ambiente, atraiga a la clientela con las ofertas del día o de la semana. Y manténgase cerca del producto: aunque lo lleve puesto, no dude en llevar alguno en la mano, en *describirlo* (con términos sencillos y con imágenes), el traje de verano con pata de gallo verde almendrado o la americana de lino azul cielo, con botones de plata, acompañados de dos pantalones de tela, con los cinturones incluidos. No lo olvide, la información interesa tanto a la gente que se encuentra ante usted como a quienes circulan por otra sección del establecimiento.

Adapte la voz al «universo» en el que trabaja

Está usted rodeado de ropa, el suelo está enmoquetado, todos los ruidos son atenuados. Acóplese a este ambiente. Va vestido elegantemente, utilice también la elegancia en la presentación y en su voz. Sobre todo, nada de sonidos agudos, nada de tonalidades agresivas.

Ajuste o haga que ajusten el amplificador en consonancia. Hable normalmente en el micrófono, como en un salón, con un tono tranquilizador de confidencias. Piense que se le oye en los probadores, en los que las vendedoras prosiguen el trabajo de presentación que usted realiza ayudando a los clientes indecisos a elegir un modelo o un color. No los ponga nerviosos. Al contrario: tranquilícelos con una voz sonriente y melódica (¡se ha entrenado y escuchado con la grabadora!).

Si dos días más tarde se encuentra en el sótano del mismo establecimiento, en el departamento de bricolaje, para animar las «24 horas del taladro», el ambiente no será el mismo, evidentemente. Según la modalidad de su contrato:

— representa una marca y habla únicamente de sus productos, en el puesto de la marca;
— ha sido delegado por los grandes almacenes y anima a partir de un punto fijo, generalmente un podio, en el centro del departamento;
— se desplaza de puesto en puesto, para hablar positivamente de las características de los taladros Black & Decker, AEG, etc.

En cualquier caso, está usted acompañado de demostradores que taladran tabiques y tablas delante de los clientes, dan explicaciones técnicas y responden a las preguntas. Así pues, trabaja en medio del ruido, rodeado de otros puestos en los que se martillea, se pule y se acepilla. ¡No es cuestión de añadir más ruido! ¡En medio del sonido de los taladros, no adopte usted mismo una voz estridente!

Es evidente que sus intervenciones deberán ser más potentes que en la sección de ropa, pero siempre pausadas. Y, si es posible, entre las secuencias de demostración, para no crear una desagradable cacofonía. Sus momentos de animación serán acordados, a veces mediante señas, con sus colegas demostradores, que, de hecho, apreciarán hacer regularmente pausas mientras usted habla por el micrófono.

Cuidado con los gestos y el vocabulario

Si bien tiene que adaptar obligatoriamente el tono y el volumen de voz al lugar de trabajo, no es necesario, sin embargo, dejarse llevar por las exageraciones lingüísticas ni las sofisticaciones.

Hablar elegantemente y con términos elegidos previamente en la sección de ropa no significa para un animador expresarse con palabras cursis ni con un tono exagerado.

Del mismo modo, no porque se dirija a personas que se dedican al bricolaje, cuando presenta un taladro por ejemplo, tiene que actuar de un modo desenvuelto, empleando términos del argot callejero, expresiones con connotaciones sexuales o proceder de manera vulgar. Por consiguiente, tampoco nada de expresiones familiares del tipo *amigo* o *colega* para acercarse a alguien y, por supuesto, ¡nada de tutear con golpecitos en el hombro o en el abdomen!

Aunque todo esto pueda parecer evidente, fíjese, sin embargo, cuando haga sus compras, y verá cómo muchos animadores comerciales «resbalan» de muy mala manera, con alusiones a zonas que se encuentran por debajo de la cintura... ¡cuando normalmente como respuesta a un juego de palabras sólo se obtienen dos carcajadas y ocho rostros crispados alrededor del puesto! Y esto, en el fondo, perjudica tanto al producto presentado como a la imagen del establecimiento y de su personal.

Y sepa que el campo de la animación comercial es un mundo muy reducido. ¡La fama, con la etiqueta correspondiente, se establece muy deprisa!

En hipermercados y supermercados

En los grandes almacenes todo está estudiado, desde la circulación hasta la decoración, desde la iluminación hasta la insonorización, para que el visitante se sienta cómodo y quede bañado por una dulce euforia. Excepto, quizás, en la sección de bricolaje, si bien los asiduos visitantes no se quejan de su jaleo.

La filosofía comercial es muy diferente en las grandes superficies. Como ya se ha apuntado anteriormente, una de las primeras funciones del animador de grandes espacios es, por su presencia y su propósito, humanizar, dar calor a los lugares para predisponer a la clientela a la compra.

Prácticamente, se podría hablar de comercio vertical en el caso de los grandes almacenes y de comercio horizontal en el caso de los supermercados. Esta sutil diferencia induce sin duda alguna a un comportamiento particular en ambos casos. Mientras que los clientes que frecuentan los grandes almacenes generalmente tienen una idea precisa de compra que les lleva a la planta o a los estantes deseados, quienes entran en el supermercado se dejan llevar por el paseo, que siempre supera la intención inicial. Les vence la curiosidad, y el carrito se llena, al capricho de las secciones, de compras no previstas. ¡Es, al mismo tiempo, la trampa y el placer de las grandes superficies!

El cliente va y viene, consciente o inconscientemente, para ser sorprendido y seducido. En medio de toda esta multitud de productos que le «guiñan el ojo», se encuentra predispuesto para lo inesperado… o esperado. Y usted es el animador que debe sorprenderle y persuadirle mediante atrayentes sugerencias. Y, de hecho, creerse lo que se hace quiere decir detonar los impulsos de compra en la emoción del momento.

Imagine que un sábado por la tarde se encuentra con el micrófono en mano en los pasillos de un supermercado. Su función es, por tanto, con las promociones sobre tal o cual producto que le han indicado desde dirección, montar auténticos *lances imprevistos* en las secciones.

La preparación es idéntica a la que tendría en unos grandes almacenes.

Ha localizado:

— la geografía del establecimiento (barrio, situación de los aparcamientos, entradas y salidas, sentidos de circulación, disposición de las secciones, cajas, zonas de mayor afluencia);
— el alcance del sonido (difusión parcial o general), situación de los altavoces, ambiente sonoro del entorno;
— la presencia de otros animadores (horas de intervención, secciones, orden);
— el tipo de clientela del establecimiento.

Dispone de pequeños regalos para repartir (encendedores o bolígrafos, con el nombre del establecimiento, pídaselos al responsable), y tiene en su cabeza algunos juegos sencillos (véanse algunas propuestas en el capítulo «Lista de juegos presentados»). Las instrucciones recibidas son claras. Tiene grabadas las promociones que debe hacer, las cantidades y los precios que se proponen. Tenga constantemente presentes sus bazas, para utilizarlas cada una en su momento. En general, guardan relación con el efecto del anuncio, la cantidad limitada de la mercancía a precio reducido y el tiempo de promoción limitado.

PONGA A LA GENTE EN ESTADO DE ALERTA

Se trata de tener en cuenta al mismo tiempo la acción y el reloj.

Informe al público de su llegada en breves instantes a la sección de alimentación, por supuesto con regalos, juegos y sorpresas. Avisados de esta forma, mediante dos o tres anuncios sucesivos, la gente sospecha la inminencia de una oferta. De este modo, instaura un *ambiente favorable* en la sección.

Los clientes interesados le seguirán o irán directamente a la sección determinada. Gracias a esos llamamientos repetidos (del tipo «Presten atención, por favor, tenemos el placer de informarles de que...»), provocará la asistencia deseada, antes incluso de llegar usted a la zona, al lugar donde vaya a realizar su trabajo. ¡Y eso siempre es mejor que hacer la llamada en un pasillo vacío!

Y es en ese preciso momento cuando usted hace aparición en la sección de conservas para presentar una promoción sobre las judías verdes de una determinada marca.

INSISTA EN LA PEQUEÑA CANTIDAD DISPONIBLE DE ARTÍCULOS EN PROMOCIÓN

Después de un juego con el público y una distribución de regalos, dé la cifra exacta de los artículos a precio reducido que están a la venta. Hay exactamente doscientas latas de judías en venta, ni una más, y no varios centenares. Una indicación redondeada o imprecisa puede dar a pensar que la promoción va a durar toda la tarde o incluso varios días.

Por supuesto, los vendedores de la sección ya tendrán preparado y destacado el *stock* en promoción. Para que la promoción conserve su carácter excepcional y de brevedad, es preferible programar acciones cortas y repetidas en la misma sección, por ejemplo cada 2 horas, antes que una larga presentación; de esta manera se evita el riesgo de cansar a una clientela que, por definición, prefiere no quedarse mucho tiempo en un mismo lugar.

En consecuencia, calcule previamente con los responsables el tiempo necesario para vender la cantidad determinada.

ESTABLEZCA UN PERIODO DE TIEMPO BREVE Y RESPÉTELO

Como bien sabe, en una gran superficie la clientela es versátil y se encuentra en movimiento. No puede esperar retener su atención por mucho tiempo, porque están de pie, llevan la compra a cuestas y se han detenido provisionalmente delante de su puesto. ¡Hay que darse prisa!

Anunciada la sorpresa: la lata de judías verdes de 250 g, habitualmente a 2,00 ε, al excepcional precio de... ¡1,50 ε durante el próximo cuarto de hora! Repita varias veces estos datos y compruebe que le han oído. Y no dude en pedir a la vendedora que está cerca de usted que cronometre la operación. Es ella quien le dará la señal de inicio y de fin.

Sin embargo, hacer una rápida animación no quiere decir ponerse en tensión. En todo caso, sorprender quiere decir crear la necesidad, con un producto repentinamente convertido en escaso por su actuación. Pero recuerde: ¡siempre relajadamente y con una sonrisa! Un gesto facial que sabrá conservar para pasar de la promoción de las judías verdes a la de las bicicletas de montaña, y, una hora más tarde, ¡a la de las cortadoras de césped!

Dé al protagonista… ¡protagonismo!

Desde hace varios años, y siguiendo la moda americana, se ha convertido en algo frecuente el invitar como atracción a actores, cantantes, presentadores de radio o televisión a las grandes superficies.

La aparición de un artista, o incluso de varios, se anuncia normalmente en el ámbito local los días anteriores mediante carteles. Por supuesto, ¡la noticia hace que una multitud acuda a la gran superficie! ¿Coincidencia que su visita coincida con «La semana de los equipos de música»?

Como animador de estas jornadas, será usted el encargado de dar la bienvenida al famoso. Se le atribuye así una doble y simpática misión, puesto que tiene que asegurar la animación comercial de las secciones pero también acoger, presentar y entrevistar a los artistas en cuestión. Al fin y al cabo, valorizarlos.

Controle la situación

Hay que saber que el paso de estas personalidades populares, a menudo organizado por el departamento de mercadotecnia de la cadena, si bien constituye el acto principal de la promoción, es en cierto modo temido por los directores de zona. No porque esos artistas, sean quienes sean, no les gusten a título personal, sino porque tales apariciones no necesariamente hacen subir la cifra de ventas, incluso es posible que estas desciendan. Por tanto, ¡le toca a usted pensar y solucionar el problema!

De hecho, resulta comprensible que la multitud de curiosos y admiradores pueda sentir más interés por el famoso del día que por los productos expuestos. Así, el supermercado se llena de repente con una clientela que se presenta en masa como en una sala de espectáculos con entrada gratuita. Cuando la turbulencia ya ha pasado, no sólo la cifra de ventas no indica ni siquiera una mínima alza, sino que el personal suele constatar un «arrasamiento» importante. ¡Los riesgos de la profesión!

Sea breve

En lo que le concierne a usted, ¡hay que ir a lo seguro! Es decir, teniendo en cuenta estas reservas, que es conveniente conocer, realice una manifestación lo más eficaz y menos perturbadora posible. Tiene que conducir directamente a su invitado o invitada al departamento en cuestión, evitando las largas sesiones de autógrafos. Con esta intención, la entrevista será alegre y sobria. Las preguntas que usted hará se centrarán en las actividades actuales del artista. Y, evidentemente, no dejará de hacerlo pasar por la sección adecuada, si ha sacado recientemente un nuevo álbum o si ha participado en alguna película disponible ya en vídeo. No hace falta decir que le dejará el micrófono.

Otro feliz caso de peso: el trabajo que realiza será particularmente más fácil si el artista tiene experiencia en tales actos. Si es así, harán juntos una *coanimación* de la que no tendrá queja alguna la dirección del establecimiento, en términos de imagen de marca y de ventas.

En cualquier otro terreno

Además de los grandes almacenes y los supermercados, hay toda una larga lista de lugares en los que se puede ejercer la animación comercial, bajo diversas formas, y una gran variedad de terrenos posibles, o como acompañamiento de otros eventos.

Anteriormente ya se han citado algunos, pero quizá convendría reagruparlos, aunque sin pretender establecer un inventario exhaustivo de ellos. Quizás usted obtenga de esta lista ideas para proponer sus colaboraciones.

Salones (agricultura, automóviles, motocicletas, barcos, libros, antigüedades, medicina, farmacia, medicinas alternativas, informática, sonido, muebles, videncia, parapsicología, etc.).

Ferias (de Madrid, Barcelona, Bilbao... además de las ferias regionales).
Fiestas (del vino, Carnaval, Feria de Abril, San Juan, etc.).
Mercados y mercadillos (mercados municipales y mercadillos de muebles, de ropa, de chatarra, etc.).
Kermeses y ventas de saldos (municipales, parroquiales, obras sociales —por ejemplo, de la Cruz Roja).
Congresos (ciudades universitarias, estaciones balnearias).
Festivales (cine, teatro, videncia, parapsicología, etc., en casinos y palacios de congresos).
Semanas y quincenas comerciales (animación de calles, barrios, sectores peatonales...).
Acontecimientos deportivos locales (maratones, carreras ciclistas, fútbol, *cross*, etc.).
Acontecimientos deportivos itinerantes (ciclismo: Vuelta ciclista a España; vela: Campeonato de Vela; automóvil: Mundial de Rallys, Rally Cataluña, etc.).
Giras de cadenas de radio y televisión.
Giras diversas (puestos de marcas comerciales, como por ejemplo Coca-Cola; puestos educativos: educación vial, educación por la diversidad, etc.).

Este no es el momento para mostrar las características específicas de estos acontecimientos. Pero a modo de ejemplo, a continuación se describe una típica quincena comercial en una ciudad cualquiera, ya que tal acontecimiento puede implicar, por su parte, la demostración de competencias *pluridireccionales*, tan comunes en el mundo de la animación:

— el uso de un control radiofónico;
— la animación en comercios;
— la animación al aire libre.

Todas estas situaciones particulares merecen, al menos, un pequeño comentario.

A PARTIR DE UN CONTROL: PONGA BUEN HUMOR EN LA VOZ

El principio básico de una quincena comercial consiste en valorizar las tiendas que participan en ella, en una ciudad o un barrio. A tal efecto, en las calles se instalan altavoces para informar al público del desarrollo del acto y para dirigirlo hacia los lugares implicados.

Así pues, será usted quien cite los comercios en cuestión y quien lea los anuncios publicitarios a través del micrófono, generalmente desde un coche de control o *unidad móvil* aparcada en los alrededores más cercanos, o desde un edificio administrativo. Evidentemente, la unidad móvil, adecuada y aislada como un estudio de radio, y con la presencia de un técnico, es preferible a un local cualquiera, cuya resonancia y material, normalmente no adecuados, no permiten una correcta emisión.

Hablar desde un coche de control es un excelente entrenamiento para la animación radiofónica. Se le exigirán las mismas cualidades vocales que detrás del micrófono de una emisora. ¡Está usted alegre, sonriente, con ganas de acoger, y eso tiene que notarse! Articule y lea sus mensajes con interés, ¡y que se perciba su convicción! Tiene que percibirla tanto el comerciante que financia la quincena y se identifica con sus objetivos, como el cliente que está en la calle.

En los comercios: personalice sus intervenciones

Cuando tenga lugar una quincena comercial, es posible que se le pida ir de tienda en tienda para animar todos los puntos de venta. El micrófono sin cable está unido a la unidad móvil, que emitirá su voz a través de los altavoces situados en las calles del municipio. Para cada comerciante, su paso por el establecimiento significa que en ese momento usted sólo habla de él, de su situación, de sus productos, de sus promociones. Y, por supuesto, de su o sus originalidades en relación con las demás tiendas.

Obviamente, es necesario que pase previamente por las tiendas para conocer sus peculiaridades, tanto de los propietarios como de los productos que se venden, y para preguntar qué debe decirse exactamente —o qué no decirse— y personalizar así el discurso. Dependiendo del comercio, puede emplear un tono de voz u otro. Gracias a su buena imagen, especialmente gracias a su sonrisa, su presentación será más elegante en una tienda de tejidos y más casera en una carnicería… El público tiene que percibir esta diferencia, tanto en el comercio en cuestión como por la calle.

Igual que en un supermercado, se trata de jugar con el acontecimiento y con intervenciones breves. Un solo producto y una buena oferta suelen ser suficientes para hacer destacar a un comerciante.

Al aire libre, nada de acoso

Cuando la quincena comercial tiene lugar en épocas de buen tiempo, es frecuente que las animaciones se lleven a cabo en la calle, delante de las tiendas.

En ese caso, diríjase directamente a los transeúntes para animarlos a entrar.

El técnico de la unidad de sonido seguramente tendrá la precaución de recubrir el micrófono con una pequeña capucha de espuma que absorbe el ruido del viento. De esta forma, se le oirá correctamente, sin soplos ni silbidos en los altavoces.

Ejemplo de lo que no debe hacerse: en un pequeño barrio, tampoco importa demasiado la ciudad en sí, durante las rebajas de primavera, una joyería contrató un animador. Este, en vez de informar al público, se plantó delante de la joyería, cerrando prácticamente el paso a los transeúntes, para detenerlos y hacerles entrar en la tienda. Además, emitía sonoros «¡Vamos señor! ¡Por aquí señorita! ¡Acérquense! ¡Pasen y vean!» a la gente, que se mostraba visiblemente molesta por tales interpelaciones. Resultado: todo el mundo se apartaba, llegando incluso a bajar a la calzada, y pasaba de largo sin ni siquiera mirar el escaparate. Todos se perdían la rebaja del 20 % en relojes Swatch, y la joyería permanecía vacía... para el desconsuelo del joyero, que estaba solo detrás de la caja.

Evidentemente, animar no quiere decir acosar. La animación comercial es, ante todo, como ya se ha dicho, una *amable invitación a la compra*.

Como se ha podido comprobar a lo largo de todo este capítulo, el micrófono es el compañero indispensable y permanente del animador. Es cierto que amplifica la voz, pero también las inflexiones de la misma, los acentos, el tono... Aunque tiene un pequeño defecto, ya que amplifica los sentimientos que la voz transmite; pero si usted se muestra siempre sincero, podrá transformar este defecto en una cualidad.

Al respecto, se expone a continuación una entrevista televisiva realizada a un artista itinerante.

Como normalmente sucede con las personas nómadas, este hombre es a la vez montador, animador y actor en su disciplina, en este caso una atracción, el denominado Muro de la muerte. Dicho de otro modo, él mismo conduce su camión de ciudad en ciudad, monta su tenderete, presenta su número sobre el podio y... se lanza automáticamente a una ronda infernal con sus bólidos —coche y moto— en el interior de un gran cilindro de madera. ¡Y todo con el fin de entretener a los espectadores!

A la pregunta del periodista: «¿Cuál es su regla absoluta en este oficio?», el artista polivalente respondió sin dudarlo: «¡No mentir nunca al público!».

Explicó que antes de realizar su número siempre lo describe al detalle a su público, y que esta franqueza le ayuda a hacerlo bien, porque es una promesa que debe mantener. Cree en lo que hace y dice estar convencido de que el público percibe su honestidad y su convicción, y de esta manera entra sin desconfianza bajo la lona para asistir al espectáculo.

Por tanto, y a semejanza de este escrupuloso artista, resulta primordial, en perfecto conocimiento de causa, informar al público lo más objetivamente posible. Se trata, pues, de decir la verdad. Y mostrarse convencido, con palabras sencillas, de la calidad de los productos que se presentan.

Para llevar a cabo animaciones comerciales con éxito, no olvide nunca este principio: ¡crea en lo que usted dice!

Evidentemente, esa es la mejor manera de vender.

TESTIMONIO

Invité a Pierre Azama, animador-creador de acontecimientos artísticos y comerciales desde hace más de veinte años, a darnos su opinión sobre el enfoque que debe tener la animación en las grandes superficies.

Este es, en pocas palabras, su punto de vista:

«Ciudad grande, ciudad pequeña... Centro comercial, galería comercial, hipermercado, feria-exposición... Capital, provincia...

»El animador no debe olvidar nunca que asegura la promoción del acto organizado. Así pues, tiene que ser respetuoso con quien le confía dicha responsabilidad, con sus compañeros y con el público, con la clientela.

»Cada cual tiene su personalidad, su estilo...

»El animador es necesariamente atento. Tiene el sentido de la relación en su familiaridad excesiva. Es conciso, posee buenos conocimientos generales, sabe adaptarse, sabe renovarse, y... ¡se atreve a sorprender!».

IMPORTANTE

Para hacerse oír y comprender: ¡articule!
Personalice sus presentaciones: encuentre su estilo.
Adapte su forma de vestir al carácter de la animación.
¡Sonrisas, sonrisas y más sonrisas!
Siga siendo usted mismo, natural y relajado.
Sea sencillo y utilice un vocabulario comprensible para todo el mundo.
Sepa bien de lo que habla.
Exprésese con frases cortas.
No repita lo que todo el mundo ya ha entendido.
No sea vulgar.
Sea creativo: encuentre la adecuación entre sus juegos y los productos.
Defina bien las reglas de los juegos.
Ofrezca siempre los regalos prometidos.
Prepare sus improvisaciones (calambures, historias, mímica, etc.).
Respete a su clientela: muéstrese atento, nunca acosador.
Utilice palabras amables, no expresiones agresivas.
Ofrezca confianza: demuestre que conoce los productos.
No mienta nunca.
Créase lo que dice.

La animación en la empresa

En ocasiones, uno puede convertirse en un animador improvisado. Pero uno no llega a serlo realmente hasta que no se forma en una disciplina determinada; convirtiéndose así en un oficio para aquellos que desean hacer de la animación su profesión.

Como ya ha quedado patente, el ejercicio de la función de animación, sea cual sea el campo de actuación, está subordinado a la adquisición y al dominio de diversas técnicas operatorias: primero, una buena expresión oral y corporal, unida al perfecto conocimiento del tema, y por último el arte de hacerse oír y entender por el público.

También se ha dicho que animar implica una preparación previa, y que esta es importante tanto desde el punto de vista físico como psicológico.

La explicación de la animación comercial ha servido principalmente para demostrar y ejemplificar todos los pasos previos que hay que dar para que una presentación tenga éxito.

Así pues, a partir de este capítulo ya no se tratará más el tema de las técnicas de expresión, que son prácticamente las mismas en todas las formas de animación. Aunque eso sí, y téngalo presente, las técnicas mejoran con la experiencia, no abandone al primer tropiezo.

En cambio, la animación en empresa, por sorprendente que pueda parecerle, aporta un nuevo dato, un nuevo término que hasta el momento no se había mencionado, la *organización*, a la que está íntimamente ligada. ¿Acaso la empresa no es ya una organización de hombres y mujeres?

Desde este punto de vista, se trata de un lugar de reflexión y anticipación constantes, sean cuales sean las actividades que se llevan a cabo. La gestión preventiva y la mercadotecnia constituyen la imagen de la buena economía que debe poseer toda compañía para asegurar su buen funcionamiento y la venta de sus productos. ¡Los mismos de los que el animador comercial asegura la promoción en el supermercado!

Así pues, nada de animación sin organización, y viceversa.

Si lo desea, entremos juntos en este mundo de la empresa en el que, como podrá constatar, las oportunidades de animación son múltiples.

La empresa en el día a día

Reuniones de trabajo

En esta gran familia que representa cualquier empresa, desde las empresas familiares hasta las gigantescas multinacionales, la reunión es un acto cotidiano: desde la dirección general hasta los servicios comerciales, pasando por los recursos humanos, la publicidad o las instancias sindicales, la reunión forma parte integrante de la vida de la empresa, ¡hasta convertirse a veces en un auténtico ritual! Y esto es así hasta tal punto que algunos colaboradores pueden verse convocados alrededor de una mesa, en salas diferentes, varias veces al día… en detrimento de su trabajo individual. Los participantes de estas reuniones tan frecuentes no dejan de burlarse de su departamento, o incluso de su empresa, ya que padecen la «reunionitis aguda», ¡una enfermedad muy contagiosa!

Sin embargo, hay que admitir que una reunión de trabajo digna de este nombre sigue siendo esencial, tanto para informar, crear y decidir, como para prever y organizar.

Ya habrá constatado lo agradable que es asistir a una reunión bien llevada. Veamos más detalladamente su desarrollo.

El jefe de publicidad que toma la palabra está cómodo delante de los veinte delegados regionales de esta sociedad de material electrónico. Tiene la mirada franca, el timbre de voz seguro, la elocución límpida. Va rápidamente a lo esencial del tema: una campaña publicitaria para un teléfono móvil. En función del presupuesto disponible, ¿habría que elegir un anuncio por radio o carteles publicitarios?

El responsable presenta sus argumentos —ventajas y desventajas de ambas opciones según un plan estructurado, enviado a los participantes durante la quincena anterior—. Después, permite a cada uno de los asistentes exponer sus preguntas y dar su punto de vista. A continuación, viene el momento de elegir y de tomar una decisión. Después de la ronda de palabra, se elige la campaña de carteles publicitarios en el ámbito nacional. Posteriormente se decide la fecha de inicio, el reparto bien definido de responsabilidades, como consecuencia lógica de la discusión (información de los comerciantes y de los puntos de venta) y, por último, la síntesis, que permite al secretario de la reunión redactar un acta precisa. Y todo en un periodo de tiempo anunciado y respetado.

Esto es una buena reunión, que puede calificarse de exitosa y que, puesto que ha sido clara y productiva, no exigirá posteriores encuentros para establecer nada ni para retomar nuevos puntos antes del inicio de la campaña.

Desgraciadamente, todos habremos asistido alguna vez —y seguimos asistiendo a veces— a reuniones crispantes, porque han sido mal preparadas. Veamos el siguiente ejemplo.

El director de recursos humanos de una sociedad de transportes, que sale del despacho del director general, llega sin aliento y con retraso a una reunión del comité de empresa dirigida por él mismo. No saluda a nadie y ni siquiera se disculpa. Se sienta con la cabeza inclinada, lee el orden del día, emitido hace tres días, y que cinco de los treinta participantes en la reunión no han recibido aún. El tema principal, muy delicado, afecta al traslado de la sede social, actualmente en el centro de la ciudad, a unos 30 kilómetros.

El responsable saca de su cartera varias cartas del municipio de acogida, que demuestran las ventajas del traslado; cartas que nadie había visto anteriormente. A continuación, suelta una lista impresionante de costes, con sus correspondientes ratios, generados por la situación actual… que nadie escucha. Cuando empiezan a surgir rumores en la sala, el responsable quiere justificarse. Se levanta, dando la espalda al resto de participantes, cubre la pizarra de papel con bocetos y planos… que nadie ve. Uno de los asistentes a la reunión demuestra, por su parte, la aberración del traslado, y dibuja en una segunda pizarra sus propios planos para apoyar su demostración. ¡La secretaria de la sesión, con el bolígrafo en mano, está desesperada! Dos representantes sindicales, furiosos, abandonan la sala preguntando de quién se están burlando, ¡antes de cerrar la puerta de golpe!

Esto es un claro ejemplo de una mala reunión, apenas parodiada y, como es evidente, un completo fracaso.

¿Qué relación hay entre estas dos escenas corrientes de la vida profesional y la animación?

Evidentemente, desde el momento en que un responsable de empresa se reúne con un grupo, se convierte en el animador, en el conductor del juego. ¿Acaso no es su función comunicar y tratar la información, y gracias a su personalidad, entusiasmo, trabajo, dar impulso y dinamismo a los colaboradores?

Así pues, estas son las cualidades intrínsecas requeridas a cualquier animador. Pero de hecho, este directivo también puede relajar y entretener a las personas asistentes, con la palabra justa y en el momento adecuado de su intervención. Y no dejará de hacerlo si tiene la suerte de tener esa facultad extra, siempre tan apreciada por quienes toman la palabra en público, el sentido del humor.

Por supuesto, en esta obra no se pueden abordar todas las reuniones posibles, ni las múltiples formas de trabajo existentes. Aunque sí se pueden exponer los aspectos fundamentales que conviene tener en cuenta si ocupa un cargo relacional en una empresa:

— la reunión informativa;
— la proyección audiovisual;
— la reunión de comerciales;
— la visita de empresa.

LA REUNIÓN DE INFORMACIÓN: DIGA ÚNICAMENTE LO QUE SABE

Normalmente, el día a día en una empresa suele ser más bien monótono, por lo que el personal tiene necesidad de información. No difundirla con regularidad equivale a permitir que los rumores circulen y establezcan un ambiente, a veces, nada deseado. Por tanto, la información debe estar a la orden del día.

Obviamente, hay buenas y malas noticias, de ahí la mezcla de interés y temor de los participantes al acudir a las reuniones informativas. Usted no tendrá la misma actitud si, como jefe de una agencia, le toca anunciar a sus colegas la compra de una compañía de seguros por parte de su grupo bancario, o si, por el contrario, tiene que anunciar la absorción de su empresa por otra más importante.

Ninguno de los dos temas requiere largas explicaciones ni rodeos. Usted tiene que entrar rápidamente en el tema tal y como le ha sido comunicado, sin entusiasmo desbordante en el primer caso ni catastrofismo acentuado en el segundo. Es cierto que el ejercicio es difícil, porque debe transmitir con calma una información importante con la mínima cantidad de comentarios. Ahora bien, seguro que no podrá evitar ser asediado por preguntas apremiantes, según la excitación o inquietud que despierte el tema entre los asistentes.

Se trata, por tanto, de conservar la sangre fría en todo momento y no dejarse llevar por su imaginación, ni por la de los interlocutores. No olvide que sus propias suposiciones pueden convertirse en afirmaciones en la mente de quienes le escuchan. ¡Y se lo podrían reprochar más tarde, si no se ajustan a la realidad!

Este tipo de intervención exige una minuciosa preparación previa y escoger bien las palabras que se van a emplear. Transmitir una información, sea del tipo que sea, implica siempre cierta objetividad; esa es la guía que debe tener en mente en todo momento.

LA PROYECCIÓN AUDIOVISUAL: ¡NO PERMITA QUE SEA EL CENTRO DE ATENCIÓN!

La clase magistral de un orador que habla durante una hora de pie, detrás de su pupitre y ante un público somnoliento, ¡es poco frecuente!

Las exposiciones orales son cada día más activas, gracias a las pizarras y a los gráficos de todo tipo que no dejan de presentar los conferenciantes, gracias también a las técnicas audiovisuales e informáticas (multimedia) que permiten amenizar las prestaciones con textos, imágenes y sonidos. Conviene recordar que para muchas personas una imagen vale más que mil palabras.

Usted es el responsable de seguridad en un edificio importante y tiene que recordar a los ocupantes de una de las plantas qué hay que hacer en caso de incendio. No dude en utilizar diapositivas, transparencias o grabaciones de vídeo, eventualmente grabadas por usted con los bomberos del lugar para ilustrar la demostración. De esta forma será mejor entendida y memorizada. Y todo ello, en un ambiente muy relajado, que dispondrá a los asistentes al ejercicio de evacuación que usted ha programado.

No obstante, son necesarios algunos preparativos. Si es posible, haga que le ayude algún colaborador que asegure el funcionamiento de los aparatos de proyección durante el discurso. Esta persona hará que se sucedan las imágenes según su demanda o a partir de una señal acordada. Para ello, redacte por anticipado la lista, y dé una copia a su colaborador. Guarde la suya al alcance de la mano, para ajustar el ritmo a los documentos. Tome también la precaución de numerar sus transparencias con un rotulador.

Gracias a los nuevos proyectores ya no es necesario dejar la sala a oscuras, sino simplemente atenuar la luz ambiental. De esta forma puede ver a sus oyentes y ser visto por ellos. Para comentar una imagen fija, sitúese al lado de la pantalla. Gracias a una barra telescópica o, aún mejor, a un «punteador» podrá señalar cualquier detalle de la imagen sin tener que dar nunca la espalda a los asistentes.

Para las proyecciones de vídeo, es una buena idea disponer de varios televisores, situados a diferentes alturas para que todos los asistentes puedan ver las imágenes a la perfección.

CUIDADO

Las técnicas audiovisuales, aparte de muchas cualidades positivas, también pueden provocar algunos errores. Es cierto que permiten aligerar la presión que pesa sobre usted —no será observado constantemente a lo largo de todo el discurso—, pero también pueden alejar definitivamente la mirada de su persona. No deje que le hagan la competencia, o que sean más atractivas que usted; la magia de una serie de fotografías, una secuencia de vídeo o una dulce música puede dejarle sin audiencia. El conferenciante es usted, no la grabación. Su papel es, en consecuencia, seguir siendo el animador de la reunión, y a veces el coordinador, por lo que las miradas y la voz deben velar permanentemente por conservar el mando. Ni siquiera el dominio de las reuniones a distancia, por videoconferencia, internet o intranet, tiene que quedar fuera de su alcance.

Procure que las técnicas audiovisuales —sean cuales sean— sean una herramienta más del discurso, y que no constituyan en sí el centro de la reunión.

LA REUNIÓN DE COMERCIALES: ESCUCHE PARA OÍR MEJOR

Es usted el jefe de ventas de un laboratorio farmacéutico. Y, por tanto, es a la vez vendedor y animador de una red de delegados comerciales.

El lunes por la mañana, día del informe semanal, sus diez representantes le informan de sus ventas de dentífrico de la semana anterior. Usted ya conoce el espectáculo que cinco de ellos le suelen montar normalmente: aseguran que ya nadie compra el dentífrico en la farmacia, sino en las grandes superficies, y de ahí sus bajas ventas.

Afortunadamente, los otros cinco representantes le demuestran lo contrario, con una progresión constante en su cifra de ventas. Así, al mismo tiempo que los resultados, usted debe gestionar la agresividad, las rivalidades y los demás conflictos entre los miembros del equipo. Es decir, debido a su función, debe tener controlados todos los aspectos.

Su primera preocupación es legítima, ¿cómo activar a los fracasados? Conoce su oficio de animador y sabe que es en el terreno, acompañando a los vendedores que tienen dificultades, donde tiene que convertirlos en comerciales eficaces y productivos. Además, deberá enseñarles, si no se han percatado todavía, que las ventas pueden aumentar si venden una mayor cantidad de unidades a las farmacias, y si incitan a los dueños de estas a potenciar la venta de los dentífricos.

Está demostrado que muchos vendedores se han dedicado a ello para recibir los estímulos personales que necesitan. Es decir, funcionan con estímulos, igual que los coches van con gasolina. De hecho, en una obra anterior[5] ya se trató esta necesidad vital de contacto y de *signos de reconocimiento* que caracteriza a todo ser humano.

Cuántos representantes son felices, después de cinco días viajando solos en la carretera, al encontrarse juntos el lunes para intercambiar estos signos de consuelo... Pero también necesitan sentirse reconocidos por su jerarquía. Y cuántos cogen de nuevo el coche por la tarde desanimados y tristes porque no han sido comprendidos, o peor aún, porque han sido ignorados por sus superiores.

Sin embargo, también he visto cómo algunos representantes se transformaban completamente, recuperaban la confianza en sí mismos y mejoraban sus resultados después de algunas conversaciones agradables delante de un café con su animador de ventas. ¿Qué ha ocurrido? Simplemente, que este se ha tomado la molestia de concederles más tiempo para conversar, para preguntarles por la familia...; en pocas palabras, se ha tomado más tiempo para escucharlos, y en consecuencia reconocer sus esfuerzos. Es decir, de repente los ha «transformado» en verdaderos profesionales, comunicándose realmente con ellos, cara a cara.

¿Que usted ya practica esta medida? Pues, felicidades, seguro que su equipo lo aprecia. Si no lo hace, piense en estar un poco más disponible para sus vendedores y facilite los encuentros personales con ellos. ¡Es cuestión de organización, como siempre!

La visita de empresa: conviértase en director de cine

Es usted una amable y sonriente azafata de acogida de una dinámica empresa familiar de champán, y pretende crearse una imagen en la

---

5. *ABC de l'analyse transactionnelle*, Éditions Jacques Grancher, 1999.

misma. Como posee el gusto por el contacto humano, una evidente facilidad de elocución y una excelente presencia física, su director la ha hecho responsable de las visitas a las bodegas, una función que hasta el momento no existía en la empresa.

Este papel es importante, porque con esta nueva misión se convierte usted en la «embajadora» de la casa.

No sólo tiene que conocer perfectamente el proceso de vinificación, las antiguas y las nuevas técnicas, sino también la geografía de la región, la historia del champán y de la sociedad. Y también le correspondería contactar con agencias de viaje, tanto locales como comarcales, para entrar a formar parte de los circuitos turísticos.

Para esta función, es importante saber que a la gente le encantan las anécdotas y las leyendas, sobre todo las que guardan relación con los fundadores de las sociedades familiares. Así pues, le corresponde actualizar el pasado familiar del producto, decorar la sala de acogida con fotografías y objetos personales de los padres fundadores... Asegúrese también de recoger detalles precisos y determinantes de sus vidas, que le podrán facilitar los trabajadores más antiguos.

Así pues, con la formación clásica de este puesto, tiene que realizar un trabajo personal de investigación. En primer lugar, para conseguir una documentación detallada y exhaustiva, y en segundo lugar, para elaborar un discurso, a la manera de un guía de museo, con el objetivo de hacer más atractivas las visitas.

Por supuesto, antes de enfrentarse al primer grupo de visitantes, recorrerá la visita usted sola y se parará en todos los puntos en los que se detendrá con el grupo visitante.

CUIDADO

Si tiene que recibir a un grupo de unos cincuenta periodistas especializados —que toman notas y hacen fotografías y, por tanto, se dispersan por los pasillos— quizá deba disponer de un micrófono unido por radio a los auriculares individuales de sus invitados, para tener contacto permanente con todos ellos.

¡El champán es burbujas, sueños, fiesta! Pero también es un oficio, un saber hacer que «se descorcha» con un acto comercial. Su animación, mientras les da la información técnica con buen humor, va a consistir en hacer que nazca en sus visitantes una emoción creciente, una euforia, un recuerdo agradable, con el fin de que graben en la memoria la marca del producto.

Hay una serie de etapas por las que hay pasar; es decir, existe un recorrido estudiado, desde el vestíbulo hasta las bodegas y, a continuación, desde el salón de degustación hasta la tienda de exposición y de pedidos.

Debe saber que, a lo largo de la visita, usted se convierte en la marca personalizada, que sus palabras, y también su vestido (adornado con la insignia de la compañía), su peinado y su perfume, contribuirán a recordar el producto.

Esta inteligente construcción de un *clima afectivo* se convierte en el papel primordial de los servicios de relaciones públicas.

En este ejemplo, se ha optado por el champán porque es un producto que simboliza la simpatía. Actualmente, este concepto es buscado por prácticamente todas las empresas. ¿Acaso no es el único que marca la diferencia en un momento en el que todos los productos se asemejan como hermanos gemelos y han alcanzado el mismo nivel de calidad?

Calcule entonces el interés de su simpática misión.

Reuniones informales

Si bien las reuniones de trabajo son numerosas en las empresas, las reuniones de carácter informal también lo son.

Una reunión de carácter informal se puede entender como todas las oportunidades agradables que tiene el personal de reunirse para celebrar un acontecimiento interno. Exactamente en ese lugar de trabajo en el que todo el mundo pasa cuanto menos un tercio de su tiempo y, por tanto, muchos años de su vida.

Sin hablar de fiestas ni aniversarios individuales, y tampoco de promociones, llegada de un nuevo compañero..., existen circunstancias particulares que favorecen las reuniones puntuales más importantes. En esta categoría destacan:

— la entrega de medallas al trabajo;
— jubilaciones;
— la cena de fin de año;
— la inauguración de una nueva sede.

En realidad, existen muchas otras ocasiones para preparar una fiesta y reunir al personal alrededor de un acontecimiento; muchos momentos en los que es recomendable tomar la iniciativa y animar al personal.

Puesto que el número de invitados suele ser importante —50, 100 o hasta 200 personas—, generalmente se celebran en la sala más grande de la empresa, habilitada para tal efecto.

El esquema general es clásico: discurso del jefe implicado, presentación de personalidades externas a la empresa, entrega de distinciones, diplomas o regalos, agradecimiento a los interesados, fotografías, champán y canapés.

Imaginemos que, como responsable, preside las cuatro ceremonias antes citadas. Es, al mismo tiempo, director y partícipe del juego. A continuación, se exponen una lista de consejos que la experiencia se ha encargado de proporcionar.

La entrega de medallas al trabajo: personalice el discurso

Prepare previamente, o haga que preparen, las medallas en sus cajas abiertas y los diplomas correspondientes en el orden de entrega sobre una mesa cercana a usted. Entrénese poniendo una medalla en una chaqueta o una blusa.

Asegúrese del buen funcionamiento de los altavoces y de que todos los interesados se encuentran presentes, antes de empezar el acto.

¡No es una reunión triste! Rompa el hielo enseguida con algunas palabras divertidas y adecuadas. Por supuesto, ha preparado un discurso alegre, que no se trata de leer (memorice el guión). Dedique sus miradas a los asistentes. Tenga presente que en estos actos la improvisación es un factor importante.

Si, para ilustrar el acto, decide hablar del paso del tiempo no abuse de las citas de autor. No olvide que la gente está de pie, así que es mejor ser conciso y breve.

No aproveche su discurso para hablar de las ventas o de las eventuales dificultades de la empresa. Son los colaboradores implicados quienes son loados hoy, no los productos.

Empiece la entrega de medallas y diplomas con los más jóvenes. Personalice cada uno de ellos con un cumplido breve pero diferente.

Dedique el mismo tiempo a todos los homenajeados, excepto en algún caso en particular. Evidentemente, dé más valor a quienes lleven más años en la empresa. Pero, finalmente, pida un aplauso para todos.

Una vez concluida la entrega de premios, no vuelva a empezar otro discurso. Invite a la gente a pasar al bufé.

Durante el cóctel, no se aparte para hablar de trabajo con su secretaria o asistente, al que ve todos los días. Es una buena ocasión para intercambiar impresiones con todo el mundo.

En resumen, ¡muéstrese disponible!

Jubilaciones: ¡momento para los sentimientos!

Misma configuración, mismas consignas que para la entrega de medallas al trabajo. Sin embargo, dejar una empresa después de veinte, treinta o cuarenta años de buenos y leales servicios, según la fórmula que se utilice, no es nada fácil. La perspectiva de dejar la actividad, separarse de los colegas, desocupación eventual puede en ese momento emocionar a los interesados.

¿Cómo encargarse de su ataque de tristeza? Es decir, ¿cómo conservar el carácter solemne de la ceremonia, sin caer en lo melodramático y la tristeza?

Como siempre, las primeras palabras, los primeros gestos tienen mucha importancia. Amabilidad, sonrisas y sencillez son aquí esenciales para crear buen ambiente.

Si son muchos los que dejan la empresa, después de valorar sus años de trabajo puede centrar el discurso en las múltiples posibilidades que tendrán a partir de ese momento y que les garantizarán una nueva vida exenta de aburrimiento. También puede ser agradable mencionar las regiones hacia las que van a marcharse los jubilados.

En cambio si son pocos, ¿por qué no verse con ellos antes de la celebración para preparar el texto juntos? Sin duda, todos apreciarán que se recuerden algunos hechos destacados o anécdotas de su trabajo con humor. Se trata de su propia historia, de su propia vida. Es una buena ocasión para citar fragmentos, ya que la colectividad presente está también vinculada a ellos.

Después del discurso, otro momento importante es la entrega del regalo colectivo. Simboliza la amistad de los miembros del personal por los compañeros que se van. También libera la emoción, que puede formar parte de la fiesta —aunque hoy en día se suele contener, o incluso no tener en cuenta—. Los asistentes no se equivocarán. Le estarán agradecidos por permitir expresar los sentimientos, sobre todo si usted muestra los suyos. Un abrazo amistoso o una cálida mirada, acompañados de palabras amables, marcan la diferencia entre sensibilidad y sensiblería (véanse modelos de discursos en el capítulo «Argumentaciones, discursos y alocuciones»).

La cena de fin de año: ¡fiesta!

En la mayoría de las empresas este acontecimientos es muy esperado por dos razones. Primero, porque permite a todo el mundo encontrarse con los colegas, sobre todo en las grandes empresas en las que los departamentos están muy separados. Y en segundo lugar, porque el periodo de fiestas que precede al año nuevo también deja augurar cambios y novedades, siempre posibles en una compañía.

Tanto si la fiesta se hace en la sede social, como en una empresa o en una delegación regional ¿qué va a anunciar el responsable? ¿Aumento o descenso del negocio? ¿Nuevos productos, nuevas actividades, nuevos mercados? ¿O todo lo contrario?, ¿el cierre de delegaciones con los problemas humanos que se derivan de ello? Todo es posible en estos tiempos difíciles. ¿Hay que inquietarse o alegrarse?

También en este caso, todos esperan una información precisa, en función a veces de los rumores, con curiosidad e inquietud.

¿Qué tipo de discurso se debe pronunciar en esta ocasión? Personalmente, he visto diferentes estilos a lo largo de mi carrera profesional, como por ejemplo los siguientes, que hay que evitar a toda costa.

El presidente general que, durante una hora y media alternando puros con cigarrillos, se esfuerza en dar cifras, porcentajes y extrapolaciones, imposibles de retener y que agobian a todo el mundo. Y todo para decir, en medio de una nube de humo, que el grupo va bien pero que debe avanzar aún más. ¡De eso nadie tenía ninguna duda!

El director general que, apoyándose enormemente en proverbios, alusiones y sobreentendidos, siembra la duda y culpabiliza a los asistentes de los actos generales de la empresa. ¿A quién apunta, al departamento de contabilidad, al de informática o al comercial? Quizá no se sabrá nunca. Además, ahora los asistentes se miran ahora de reojo mientras mordisquean su canapé.

El director de la fábrica que aprovecha la reunión para ironizar sobre los intelectuales de la empresa, y después sobre los representantes que hacen turismo todo el año. ¡Es evidente que en esta empresa sólo trabaja la sección de producción! Una manera infalible de dinamizar el cóctel… ¡y de levantar un conflicto futuro!

Pero afortunadamente también he visto al jefe de servicio que no confunde la comida de fin de año con una asamblea de accionistas o una reunión de trabajo. Sabe que el funcionamiento de la empresa, por muy importante que sea, no tiene que pasar esta noche por encima del lado festivo y las relaciones interpersonales.

¿Es usted el director del juego de la velada?

Con los ejemplos anteriores habrá aprendido que su actuación no debe ser para sus colaboradores una sesión de trabajo impuesta. Tiene que ser vivida como un justo equilibrio entre la recepción de la información esperada y el entretenimiento. De esta forma se permite —por qué no— que, después de un cuarto de hora de discurso, como máximo, y de las felicitaciones y el tradicional cóctel, se pueda bailar un poco.

La inauguración de una nueva sede: ¡no esconda nada!

Ya pasaron los tiempos en los que la sede social de una sociedad, construida en su propio terreno, permanecía allí muchísimos años.

Actualmente, las empresas suelen instalarse en locales alquilados y se trasladan con gran facilidad. A merced de las modificaciones del organigrama, de las diversas adquisiciones, cesiones o aumento del alquiler, dan a conocer a sus departamentos, direcciones generales incluidas, las peripecias de repetidos traslados, a veces varias ocasiones durante el mismo año y en la misma ciudad. Si bien las empresas de mudanzas locales están contentas por ello, el placer no se comparte siempre por los trabajadores de la empresa. Sobre todo por quienes, además del nuevo entorno al que tendrán que acostumbrarse, se ven enfrentados a serios problemas de transporte. No se traslada uno de la noche a la mañana sin dificultades materiales o afectivas.

Esta es una buena razón, si usted es el jefe del establecimiento de acogida, para respetar la costumbre. Incluso en medio de cajas de cartón sin desembalar y con el olor a pintura reciente, le toca a usted, después de visitar los locales, dar con unas palabras y un buen vino la bienvenida a los recién llegados.

Cuando estos vienen de la trigésima planta de una torre climatizada y descubren una serie de pequeños edificios en medio de un parque totalmente verde, se les facilitará la tarea. Cuando los trasladados dejan un barrio típico y animado de la ciudad por una zona industrial en la lejana periferia, le interesa mostrar su más bella sonrisa.

De hecho, se trata de que usted se enfrente a la *resistencia al cambio* que todos conocemos. Es cierto, seamos sinceros, como latinos que somos no nos gusta movernos, ni siquiera un poco, cuando nos hemos instalado bien. A los americanos, entre otros, les ocurre lo contrario, ya que encuentran la felicidad precisamente cambiando constantemente de ciudad.

¿Cómo acoger mejor a los nuevos huéspedes?

Supongamos, por ejemplo, que se trata de colaboradores del depósito central de una empresa, trasladada del centro de la ciudad a una zona industrial periférica. En este caso, sería totalmente inoportuno disfrazar o negar la realidad con justificaciones inútiles.

Por tanto, como jefe responsable elija la fórmula de una *acogida verdadera*. Ejemplo:

Es cierto, estamos a 30 kilómetros de la ciudad y a 10 minutos de la estación.

Pero también es cierto que el espacio y la luz caracterizan el nuevo establecimiento.

Encontrarán aparcamiento fácilmente, tendrán grandes despachos, grandes ventanas, un restaurante, salas de descanso...

Y, además, el bosque y los campos están cerca, y favorecen los paseos vivificantes, ¡lejos del metro y del furor de la ciudad!

Después de esta presentación objetiva, no dude en hablar de usted mismo, de sus impresiones, de las nuevas costumbres que ha adquirido, de sus recientes descubrimientos en el lugar.

¿Son sus argumentos tan sólidos como sinceros? Entonces, ¡le toca jugar!

La comunicación interna

Información escrita

No debe sorprenderse al leer que, además de las cualidades de expresión oral y corporal, es sensato que el animador posea también buena disposición para la expresión escrita. ¿Acaso no se ha indicado ya implícitamente esta necesidad al apuntar el trabajo de preparación y de redacción al que está subordinado todo animador o «conductor de personas» en una empresa?

Al inicio de este libro ya se indicó que el sistema educativo occidental nos ha hecho prisioneros de la escritura, privilegiándola en detrimento de la expresión oral. Si bien es una buena noticia el hecho de que esta última salga a la reconquista de sus derechos, por los medios comunicativos que se interponen, eso no quiere decir, sin embargo, que lo haga para suplantar, por su parte, al signo gráfico, ese valioso invento del hombre. La escritura sigue siendo indispensable, evidentemente, para expresar lo oral. De hecho, ¿no están destinadas ambas formas a una justa complementariedad en su dimensión comunicativa?

La comunicación bien entendida es esencial para todo ser humano, y en particular para las empresas. En su auténtico significado de «intercambio», actualmente constituye uno de los principales motores de las mismas. Hasta el punto de que cada día más empresas disponen de un departamento de comunicación. Generalmente, este está formado, además de por el director, por un equipo de redactores, fotógrafos, documentalistas, responsable de prensa y responsable de relaciones públicas, que, cada uno en su especialidad, hace la función de animación. Este departamento tiene a su cargo la creación y la distribución de la información general en el interior y en el exterior de la empresa.

Entre los diferentes posibles modos empleados, la información escrita es un componente ineludible de la comunicación interna de una compañía. Según su contenido, puede ir desde la simple nota hasta la nota circular de departamento, un cartel, la publicación quincenal o el boletín mensual, o incluso el resumen de prensa diario o la revista bimensual o trimensual interna, en el caso de algunas grandes empresas.

Al evocar estos diversos escritos, ¿no se ha abandonado la animación por el periodismo? No. Prueba de ello son los medios informativos, hablados y escritos, que nos muestran todos los días, con sus presentadores de doble función, que ambos oficios son ahora vecinos, o incluso hermanos siameses. ¿Dónde acaba el periodismo? ¿Dónde empieza la animación? ¿Acaso no tienen los dos, más allá del discurso informativo y lúdico, la misma función de creatividad y entretenimiento? ¿No requieren la atención permanente de nuestra imaginación? ¿No son, los periodistas-animadores y los animadores-periodistas, conductores y «raptores» a la vez?

Sólo difiere la forma.

La palabra que nos interesa del emisor-redactor, que es escrita, se encuentra sobre el papel, destinado para el receptor-lector, en lugar de ser llevada por una onda —como sucede en la radio o televisión—. El redactor que se expresa de forma gráfica, da la información, la comenta eventualmente, ya que desea de este modo obtener la unión con el destinatario, a semejanza de lo que hacen sus colegas con el discurso oral. De alguna manera, el bolígrafo reemplaza al micrófono y el papel se convierte en el megáfono.

Analicemos la creación y la difusión de algunos documentos de información enumerados a continuación. Como redactor jefe de la comunicación de su empresa, es usted uno de los animadores:

— del resumen de prensa diario;
— del boletín informativo semanal, bimensual o mensual;
— de la revista trimestral de empresa.

En los tres casos, es usted el encargado, en el equipo de trabajo, de recoger la información y darle la forma deseada para ofrecérsela al personal.

El resumen de prensa diario: el arte de la síntesis

Este medio, que refleja día a día la imagen de la empresa y de su sector de actividades, se realiza generalmente bajo dos fórmulas.

La primera consiste en señalar y recortar de los periódicos, para reunirlos en un cuaderno, los artículos que por una razón u otra interesan a la empresa. En este punto, la parte creativa de los responsables podría parecer limitada. Sin embargo, de hecho, la configuración rápida y la presentación atractiva del documento exigen una organización y un esmero rigurosos.

La segunda fórmula consiste en redactar una síntesis de los artículos elegidos. Dicho de otro modo, presentar en cuatro o cinco páginas escritas el resumen de cientos de líneas, leídas y subrayadas, de los principales diarios. El trabajo exigido es el de un *redactor*, que debe saber seleccionar y resumir objetivamente los artículos más interesantes.

Yo tuve la ventaja de participar en la fabricación de un resumen de prensa de este tipo cuando era director de información del Cuerpo del aire durante el servicio militar. El trabajo consistía en extraer todos los artículos que trataran de aviación y hacer una síntesis. Con un lápiz rojo y unas tijeras en las manos, aprendí con mis compañeros atención y método, necesarios para escrutar las columnas de los periódicos, recolectar los artículos y reunirlos por secciones. Y elaborar cada mañana antes de las 09.00 la revista que había que distribuir.

Más tarde calibré el interés de ese aprendizaje, y todavía hoy lo valoro. Lectura rápida, preocupación por la brevedad, búsqueda de lo esencial, conservación del sentido, control del tiempo… herramientas muy valiosas para todo tipo de animación.

El boletín informativo: decirlo todo deprisa y bien

Si bien resulta interesante que el personal tenga conciencia de la opinión sobre su empresa, también es imprescindible que la información llegue del interior… antes de que lleguen comentarios o rumores procedentes del exterior.

En cualquier grupo humano existe una necesidad fundamental de saber qué pasa. Y, al contrario de lo que nos enseñan de niños, la curiosidad no es en absoluto un despreciable defecto.

Los movimientos del personal, sus alegrías y sus penas, las nuevas adquisiciones, las divisiones y reagrupaciones de actividades, los proyectos de desarrollo, en resumen, todo lo que constituye la vida de una empresa interesa y afecta a todos sus trabajadores.

Así pues, es indispensable que estas noticias se difundan rápidamente. Y la función del boletín informativo es darlas de manera clara y concisa, como los artículos breves de la prensa.

También es función del creador del boletín buscar dicha información sobre el terreno y ofrecerla enseguida. Se ha dicho, y con razón, que la retención de información era una forma de poder. Actualmente, su distribución sin reserva es muy apreciada en las empresas como indicativo de confianza y de respeto, otras cualidades indispensables en un buen animador.

La revista de empresa: un ejercicio periodístico

Este medio que, en su forma se asemeja a las revistas de prensa que se pueden encontrar en los quioscos, afecta más a las empresas importantes. Como vector de una imagen de marca, se integra en su comunicación global, interna y externa, porque exige un presupuesto consecuente.

La realización de esta revista, de hecho, suele confiarse a una agencia especializada. Sin embargo, esta no puede pretender editar una revista expresiva sin la indispensable cooperación del equipo del departamento de comunicación de la empresa.

La intención de esta obra no es explorar el contenido de este documento, que puede variar mucho según la filosofía de cada empresa. Lo fundamental de este recurso es que su confección exige una auténtica inventiva para atraer y conservar la atención de los lectores (de la empresa y del exterior).

Sobre todo, conviene dar la opinión de la función de la revista de empresa de cara al personal. A veces es un objeto de crítica —demasiado lujoso y narcisista para algunos, un instrumento de la dirección para otros—, pero siempre es esperado y leído con atención, aunque no sea más que por descubrir algún reportaje de nuestro departamento. Pero también porque, al dárselo a todos los trabajadores, a estos les sugiere —como apuntan las encuestas— la idea de igualdad ante la información, reconocida como un derecho, y el sentimiento de pertenencia a un grupo.

Dicho de otro modo, este soporte informativo posee una función *agrupadora* con la que sus animadores, por oficio, se identifican. Si tiene la posibilidad de participar en la edición de una revista de empresa, obtendrá una rica experiencia en el mundo de la *animación escrita*.

Información audiovisual

En este nuevo milenio, las telecomunicaciones están transformando nuestras vidas.

Internet permite consultar los datos bancarios o hacer pedidos a domicilio. El teléfono móvil nos invita a dialogar con el mundo entero, desde nuestro coche o desde la terraza de un café. Y el ordenador nos propone el *teletrabajo*, al comunicarnos con la empresa mediante pantallas que se interponen.

Las empresas fueron, evidentemente, unas de las primeras usuarias de estas máquinas de comunicación. Hoy en día, los envíos de documentos por fax de una ciudad a otra han quedado desfasados. En cambio, cada día son más frecuentes, para evitar desplazamientos, las reuniones telefónicas de varios interlocutores o los encuentros con varias delegaciones gracias a la videoconferencia.

Así, la empresa ya no se conforma con el simple papel para despachar la información. También utiliza la informática que, con el sonido y la imagen, asegura la transmisión instantánea de información a las pantallas de los ordenadores (correo electrónico). La comunicación interna no deja de beneficiarse de este impulso tecnológico.

Junto a las publicaciones escritas que se han citado en las páginas anteriores, no es extraño que actualmente esté apareciendo una información hablada y filmada, sobre todo en sociedades con múltiples establecimientos. Algunos ejemplos son:

— la información vía teléfono (abierta a todos);
— la información por cintas de vídeo (para la que se necesita un magnetófono y un monitor de televisión).

Por supuesto, estos dos soportes exigen a sus animadores, como en el caso de la radio y la televisión, tener a la vez aptitudes de redacción y cualidades de expresión oral y corporal, ya comentadas en los capítulos precedentes.

LA INFORMACIÓN VÍA TELÉFONO: UNIDOS LO ESCRITO Y LO ORAL

El principio es sencillo. Se trata de poner a disposición del personal, a intervalos acordados, una información grabada, accesible por simple llamada telefónica (con un número fácil de recordar, por ejemplo 999). Esta difusión requiere, por supuesto, el uso de un material apropiado (magnetófono para cintas específicas). Ahora existen aparatos muy buenos y fáciles de utilizar. Pero hay que preparase bien para obtener un producto de calidad. Es decir, y por este orden:

— recopilar de corresponsales fiables la información que se va a difundir;
— escribir un boletín conciso con estilo radiofónico;
— grabarlo, si es posible en un estudio;
— adornarlo con una música dinámica;
— disponer de un grabador-contestador para recoger apuntes y sugerencias de los oyentes (y establecer a continuación un diálogo).

Después de haber realizado durante varios años este tipo de información por teléfono en empresas, puedo asegurar que es un trabajo muy gratificante.
Si le es confiado a usted, le recomiendo, por experiencia:

— una difusión semanal, con instalación de la cinta cada lunes por la mañana;
— un boletín breve (de 3 o 4 minutos, como máximo) para mantener la atención de los oyentes y no monopolizar los circuitos telefónicos;
— una elección de las noticias del día (evite retomar las del resumen de prensa), con entrevistas internas y anécdotas;
— y, siempre que los temas se lo permitan…, una sonrisa en la voz y un tono de humor.

La información por cintas de vídeo: la empresa en imágenes

Los primeros usos del audiovisual en la empresa, hace veinte o treinta años, no fueron demasiado convincentes. El trabajo no consiste solamente en hacer una película de vídeo y duplicarla; los destinatarios tienen que disponer de un televisor y un vídeo para visionarla. Y eso no era lo normal hace unos años, por lo que las cintas de vídeo se quedaban en el fondo del cajón. Hoy en día, los directores y los departamentos de las grandes sociedades suelen disponer de este material, o en todo caso lo pueden alquilar muy fácilmente si lo desean.

Pero, de hecho... ¿un vídeo se hace para enseñar qué y a quién?

La realización de este trabajo no puede ser confiada a un videocámara aficionado; pero una grabación profesional puede costar de 4.500 a 15.000 ε o más. Por esta razón, no se trata únicamente de trasladar el día a día de la empresa a imágenes —que de hecho ya ha sido relatado casi en tiempo real por los demás soportes— sino acontecimientos puntuales importantes: la aparición de un nuevo producto, la inauguración de una nueva fábrica, el vigésimo o el quincuagésimo aniversario de la empresa, etc.

Estas cintas de vídeo tienen, por tanto, una doble utilidad: sirven para la información interna y para el departamento de relaciones públicas. ¡Todo sea por la notoriedad y la amortización!

El realizador de la película, igual que el creador de la revista interna, no puede prescindir de quienes trabajan en el departamento de comunicación de la empresa. Si es usted el animador de este vídeo, ¿cuál será su función? Puede ser muy diversa, y puede llegar a implicarle mucho, dependiendo de sus aptitudes: desde llevar al cámara por la empresa hasta escribir los comentarios, desde grabar el texto hablado en el estudio hasta aconsejar técnicamente durante el montaje. Quizá también le toque asegurar el doblaje si habla perfectamente una lengua extranjera. O ir a presentar el vídeo a los departamentos de dirección o a las filiales de la empresa dando conferencias.

A lo largo de este paso por la empresa, espero haberle mostrado algunos aspectos desconocidos, pero muy enriquecedores, de la animación.

Animar es adaptarse al medio.

En el gran teatro de los negocios, el trabajo del animador-comunicador suele ser tan importante entre bastidores como en el escenario. Y no es el trabajo de una sola persona, sino de todo un equipo. El conductor del juego, ya sea funcional o jerárquico, ofrece constantemente su punto de vista, pero sobre todo intercambia y negocia antes de actuar. Como también sabe callar, para escuchar, preparar, planificar, organizar y trasladar al papel. Todo esto para conseguir y cumplir, con los demás, el objetivo establecido.

Uno de los mayores intereses de la animación de empresa reside en la particularidad de que las situaciones, si bien repetitivas, no son nunca las mismas. Así pues, conviene afrontarlas con sangre fría y discernimiento. Y también siempre con creatividad y responsabilidad.

En realidad, ¡cuántas experiencias formativas nos ofrece esta escuela permanente de la empresa! La polivalencia que permite adquirir constituye, sin duda alguna, un triunfo de los más sólidos para el ejercicio de otras formas de animación, especialmente la del tiempo libre.

IMPORTANTE

Ser el conductor del juego en la empresa implica ser conductor de personas.
No invente un personaje, porque se convertiría en esclavo de este.
Las reuniones de trabajo son indispensables, pero las «reunionitis» no.
Prepare sus reuniones para conducirlas mejor.
Haga exposiciones vivas: ilustre sus ideas.
Sea objetivo: diga lo que va mal y también lo que va bien.
Hacer rondas de opinión es conceder la palabra a todos los participantes que se encuentran alrededor de la mesa. Si lo hace, no lo corte antes de acabar.
Escuchando bien, uno se acaba entendiendo.
Una reunión informal no es una asamblea de accionistas.
Muestre sus emociones: sensibilidad no equivale a sensiblería.
Tanto en una empresa como en cualquier otro lugar, la gente necesita sinceridad, atención y consideración.
Gestionar el tiempo significa respetar los horarios y a los colaboradores. Ganar tiempo no significa quitárselo a los demás.
Hay tiempo para todo: trabajo, descanso, fiestas...
Comunicar es dialogar.
Informar es ser preciso y conciso.
Hable para ser oído y escuchado; escriba para ser leído y comprendido.
El sentido común también es sentido del humor. «Un hombre que no sabe sonreír no debería tener un negocio» (antiguo proverbio).

La animación en el tiempo libre

Si le gusta entretener, divertir, crear ambiente; si le gusta jugar y hacer que los demás jueguen. En pocas palabras, si le gusta reír y hacer reír, posee usted todas las cualidades del animador de diversión.

En estos tiempos difíciles, en los que se vive deprisa el público, de todas las categorías sociales, no pide más que olvidar sus preocupaciones y la monotonía diaria para evadirse mediante distracciones diversas.

Los movimientos asociativos, los clubes de entretenimiento, las organizaciones de viajes, las vacaciones… no han sido nunca tan frecuentados como actualmente.

¿A quién no le gusta de vez en cuando distraerse y divertirse en buena compañía? ¿Quién no desearía recuperar durante unas horas los juegos y las risas de la infancia? ¡Es usted, por tanto, la persona requerida para animar al grupo!

Y lo es más aún porque, si bien hay infinitos presentadores, hay muchos menos animadores-creadores; es decir, por citar algunos ejemplos, pocos son los animadores capacitados para encargarse de las veladas de un grupo participante en un crucero, animar y acompañar una salida en autocar, idear y dirigir un rally turístico, montar una kermés con un equipo técnico y animarla durante un fin de semana…

Yo he tenido el placer, y sigo teniéndolo, de asegurar la animación de tales acontecimientos. También tengo el placer de comunicarle mi experiencia y mis recomendaciones, para asistirle cuando se adentre en estos «terrenos».

Para ello, a continuación encontrará explicadas y detalladas ideas de organización y listas de juegos que puede realizar en algunos de los actos arriba citados.

Con el fin de obtener una exposición más clara y educativa, tales acontecimientos han sido divididos en dos grandes categorías: los actos del tipo viajes organizados y los de interés local.

Por supuesto, las sugerencias que se exponen no son inamovibles; le toca a usted enriquecerlas según su creatividad y adaptarlas a las circunstancias.

Los viajes organizados

Como ya habrá podido comprobar a lo largo de los anteriores capítulos, las buenas animaciones son las que han sido bien preparadas.

En algunos casos, la preparación llega a constituir lo esencial del proceso, a semejanza del pintor que debe preparar bien la pared antes de pintarla: si previamente no la limpia bien, no le tapa los agujeros o no la pule, no obtendrá de la capa final de pintura el brillo esperado. ¡Ese «brillo» caracteriza precisamente a las buenas animaciones!

Esta fase preparatoria es una exigencia en la animación de tiempo libre. Por ello, es importante que lea atentamente este apartado; especialmente porque hoy en día los viajes de placer están viviendo un momento de auténtica explosión.

Dos acontecimientos clásicos son:

— sobre el agua, en un crucero;
— en tierra firme, con las rutas en autocar.

¿Cómo se desarrollan estos viajes? ¿Cómo articular la animación? ¿Qué juegos presentar a los participantes?

Con la animación de tiempo libre, entramos de lleno, efectivamente, en el amplio campo de los juegos. Como ya se ha anunciado, esta obra le proporcionará una lista de juegos, evidentemente no exhaustiva —con una clara descripción de cada uno—, y una práctica recapitulación en el capítulo «Lista de juegos presentados». Para facilitar la localización y la elección, los juegos se han clasificado en siete grandes categorías: juegos de sociedad, juegos de preguntas, juegos de interior, juegos al aire libre, juegos en equipo, juegos náuticos y juegos de baile.

Un crucero: ¡vacaciones flotantes!

Existe una amplia variedad de formas de cruceros, desde el descubrimiento del Caribe hasta el de las islas griegas, desde el descenso del Nilo hasta el viaje a través de Francia por los canales.

Tanto si el viaje es marítimo como fluvial, el principio es el mismo. Se trata de combinar navegación y excursiones a tierra durante unos diez días, quince o más. Esto implica varias veladas a bordo, que una buena animación puede amenizar significativamente.

En un transatlántico

Los transatlánticos, auténticas ciudades flotantes, en ocasiones con más de mil pasajeros a bordo, representan en sí la organización. Esto significa que todas las actividades son minuciosamente programadas, y que cada responsable sabe por adelantado cuál será su misión durante todo el crucero: tanto el estado mayor reunido alrededor del comandante como el equipo civil, el personal, de los que forma parte el animador.

Por tanto, nada de ponerse al mando de la animación si es usted uno de los pasajeros que sube a bordo del *Queen Elizabeth II* en Puerto Rico, para visitar el Caribe británico. Sin embargo, es interesante observar al titular en su trabajo, porque usted podría ocupar su lugar algún día si desea dedicarse a ello profesionalmente; y además, en un crucero suele haber muchas ideas de juegos para aprender.

El animador es quien —en inglés, francés y español— le acoge la primera noche en el gran comedor, antes de pasar la palabra al comandante y a sus oficiales. Es el animador quien, después de la cena, abre la velada de baile con la orquesta y los primeros juegos de baile sobre la pista, antes de presentar (normalmente en tres idiomas diferentes) al artista en cartel. Y, por supuesto, es a quien verá a la mañana siguiente en el puente inferior, con el micrófono en la mano, iniciar los juegos alrededor y dentro de la piscina (juegos náuticos), y enlazar con los del aperitivo y del café (juegos de preguntas). Y también es a quien encontrará por la tarde sobre el puente superior, organizando un concurso de tiro al plato (juego al aire libre) y, más tarde, en la sala de deporte, arbitrando un torneo de pimpón.

Por la noche, a pesar del casino, del cine, de la sala de televisión y de las máquinas tragaperras, los pasajeros normalmente prefieren la pista de baile, sus atracciones... y los juegos del animador.

Personalmente he descubierto que los juegos más apreciados son los espectaculares, realizados con *voluntarios designados*, como por ejemplo:

— un desfile de modelos con música (un encargado de vestuario proporciona a todos los asistentes telas llamativas, pinzas y maquillaje);

— concurso de baile (rock, tango, vals, pasodoble, etc.);
— el baile del limbo, muy apreciado en el Caribe. Después de una demostración por parte de un especialista, las personas que bailan, con la espalda hacia atrás y sin mover los hombros, deben pasar por debajo de una barra que se acerca cada vez más al suelo;
— las farándulas (los bailarines avanzan en fila india, siguiendo al animador);
— el cancán francés (presentado por niños);
— la muerte del cisne, fragmento elegido de ballet clásico (¡interpretado, por supuesto, por hombres en tutú!).

Además de estas actividades, que se han convertido en clásicas, hay un juego de sociedad (un juego de azar, de hecho) que siempre tiene mucho éxito en los cruceros: el bingo. Se trata del juego que todos conocemos, y al que todos hemos jugado alguna vez, y que alegra las noches en un crucero.

Hay que señalar que en los transatlánticos los juegos suelen estar patrocinados por marcas internacionales de prestigio. Los participantes están, por tanto, muy motivados, porque son recompensados con regalos de valor (perfumes, licores, joyas, relojes, bolígrafos ¡o incluso un viaje!).

RECOMENDACIÓN

Un mismo juego puede ser muy divertido en un país o una región y, en cambio, ser considerado deprimente en otro lugar. Es imprescindible tener en cuenta la cultura local antes de añadir un juego al repertorio y, por tanto, probarlo. En cruceros por aguas americanas, por ejemplo, he visto a espectadores que se desternillaban de risa ante un concurso de mujeres obesas, que se exhibían sin ningún complejo. Primero, las diez concursantes eran invitadas a pasar por la balanza, anunciar su peso —anotado por el animador en una pizarra— y tirarse a la piscina. En segundo lugar, tenían que recoger el mayor número posible de manzanas que flotaban en la superficie, metérselas en el bañador... ¡y salir de la piscina, contentas y abolladas, con una ovación del público!

Y triunfaron también por la noche, vestidas de gala, en la pista de baile. Y el animador no dudó, a la hora de entregarles los premios, en pedir para la ganadora... «toneladas de aplausos».

En un barco de recreo

Se denomina así tanto al magnífico velero para dar la vuelta a Córcega con diez amigos, como al navío que pasea a un club de fútbol por el Guadalquivir. Es decir, estos barcos no tienen nada que ver con los transatlánticos. En estos dos ejemplos, el barco está a disposición del grupo toda la semana, lo cual permite hacer una animación privada.

Y lo mismo se puede decir para la barcaza-hotel que le acoge con motivo de un seminario con el equipo de ventas de su empresa. También en este caso usted está sólo con sus compañeros. Por supuesto, ellos conocen su talento y ha sido designado para animar las cuatro noches programadas después del trabajo...

Como usted es previsor, ha cogido como equipaje su maleta de animación, con todo el material necesario para hacer unos diez juegos. También ha almacenado algunos lotes para recompensar a los ganadores. Principalmente son regalos publicitarios que le han ofrecido las estaciones de servicio y sus comerciantes habituales.

Si puede disponer de un pequeño presupuesto para animación, piense también en conseguir algunos detalles de tiendas especializadas o de bazares de rebajas. No lo olvide: la promesa y la entrega de un premio es, a la vez, el incentivo del juego y un detalle simpático para crear ambiente. En cierto modo, es como su firma.

No presente más de tres juegos por velada, cuatro como máximo; si no son muy largos, alterne juegos de preguntas y juegos de interior. Conviene en todo momento que los asistentes aprecien lo que usted está realizando... y no quemar todos los cartuchos el primer día de animación. A continuación, se propone un ejemplo de «menú»:

Primera velada

a) *Juego de preguntas* (material: objetos por determinar).

El objeto escondido. El público tiene que adivinar el objeto que usted ha escondido en sí mismo (preferiblemente algo insólito), haciéndole preguntas a las que sólo podrá responder con un sí o un no. Cuando responda que sí, el candidato tiene derecho a dar el nombre del objeto en el que esté pensando. El ganador recibe el objeto escondido. Prepare dos o tres regalos por si los descubren rápido. Algunos ejemplos pueden ser: un billete de dólar, una dentadura de plástico, una nariz de broma, un globo, una pinza de la ropa...

b) *Dos juegos de interior* (material: dos palmatorias, dos velas y ocho o diez rollos de papel higiénico de colores diferentes).

Las velas. Cubra los ojos a dos personas y deles una palmatoria con dos velas encendidas. Haga que giren varias veces en el espacio escénico para desorientarlas. Gana el primero de los dos que consiga apagar de un soplo la vela de su adversario.

Las momias. Llame a cuatro parejas y deles a cada una dos rollos de papel higiénico. Las mujeres tienen que envolver a los hombres lo más rápidamente posible a partir del momento en que usted dé la señal. No olvide que las momias tienen que respirar (¡déjeles libre la nariz!). La momia ganadora será designada por los aplausos de los asistentes. ¡Un buen juego para hacer mientras se recorre el río Nilo!

Segunda velada

a) *Dos juegos de preguntas.*

Ni sí, ni no. Haga preguntas sencillas a los candidatos, que no pueden utilizar ni sí ni no en sus respuestas.
La palabra prohibida. En ausencia de un candidato que ha alejado del grupo, acuerde con los asistentes restantes una palabra que el candidato no podrá pronunciar durante el interrogatorio sobre un tema profesional, por ejemplo. Pida a alguien que cronometre el tiempo. No más de 3 minutos por juego.

b) *Un juego de interior* (material: ocho latas de conserva vacías).

Las latas de conserva. Tape los ojos a dos candidatos. Póngalos en medio de la sala con dos sillas y disperse por el suelo ocho latas de conserva vacías. Gana el primero que consiga poner su silla sobre cuatro latas y se siente sobre ella.

Tercera velada

a) *Dos juegos de preguntas.*

Las estaciones de metro. Diga al público que va a leer un texto que ha redactado para este seminario, y que las palabras que faltan son estaciones de metro. A lo largo de la lectura, diga las primeras sílabas de los nombres de las estaciones, y obtendrá sabrosos… errores de orientación. Gana quien cite el mayor número de estaciones. Lote sugerido: ¡un plano del metro!

Los vinos. Pida a los asistentes que le citen vinos de alguna región o de algún país durante cinco minutos; cronometre el tiempo. Por ejemplo, diez vinos españoles: Abona, Yecla, Moscatel de Alicante, Rioja, Calatayud, Bierzo, Priorat, Binisalem, Alella, Chacolí de Vizcaya. Y para el ganador, que será quien diga el último vino, un sacacorchos de regalo.

b) Un juego de interior (material: cuatro grandes patatas, dos cordeles de un metro y medio).

Las patatas. Llame a un hombre y a una mujer, ambos con pantalón largo o corto. Áteles a la cintura, detrás de ellos, un cordel en el extremo del cual habrá atado una patata que irá rozando el suelo. Ponga delante de ellos la segunda patata. Cuando usted dé la señal, pídales que hagan avanzar la segunda patata con los golpes que le den con la primera… gracias al balanceo de su pelvis, adelante y atrás. Deben atravesar la sala y regresar al punto de partida. Una bolsa de patatas chips para la pareja que gane.

Cuarta velada

a) Un juego de preguntas.

Las voces de los animales. Pida a los participantes el verbo que designa la voz de los animales que usted irá citando. Por ejemplo: la lechuza ulula, la urraca chirría… (véase capítulo «Lista de juegos presentados»). Acabe la lista preguntando qué hace el mosquito, por ejemplo. Recompense a quien haya dado el mayor número de respuestas con una caja de cerillas que contiene pulgas imaginarias.

b) Tres juegos de interior (material: un silbato con su cordel, dos servilletas).

Mímica. Invite a los asistentes a interpretar con mímica el título de una película o de una novela conocida. Las imitaciones exageradas son las que hacen más gracia (por ejemplo, alguien podría ponerse a soplar como loco para evocar *Lo que el viento se llevó*). Los ganadores serán quienes hagan la mejor mímica.

El silbato. Haga salir a tres personas de la sala, y reúna a diez más sentadas en el suelo alrededor de usted. Usted se desplazará por el interior del círculo con un silbato colgando de su cintura, por detrás, a la altura de la boca de quienes estén sentados, que silbarán cuando usted pase por delante de ellos con las manos detrás de la espalda. Las tres personas, que ya habrán entrado, estarán enfrente de usted —para que no le vean el silbato colgando— y pensarán que hay un silbato circulando de mano en mano y tendrán que señalar a los supuestos silbadores. Evidentemente, estos mostrarán las manos vacías. ¡Este juego puede durar mucho hasta que se descubra la trampa!

Las servilletas entrelazadas. Pida a un asistente que enrolle una servilleta como si fuese un pañuelo para el cuello y que sostenga los dos extremos en horizontal. Pida a otro participante que sostenga del mismo modo la servilleta enrollada pero que la pase verticalmente por la primera. Las dos servilletas estarán así cogidas como dos anillos, una dentro de la otra. Pida a los dos concursantes que intenten separarse sin soltar las manos, en un tiempo de 3 minutos. A lo largo de este juego imposible, los participantes adoptarán posturas increíbles con los brazos y las piernas e intercambiarán un diálogo increíblemente cómico. Si quiere, puede anotarlo en un papel y leerlo al público al final del juego. Eso sí, los dos prisioneros se la tendrán jugada... cuando les diga, entre risas, que no pueden liberarse si no dejan libre el extremo de una de las servilletas.

NOTAS

Los juegos que se han propuesto son sencillos y fáciles de hacer. Pero hay que repetirlos varias veces para dominarlos bien. Estaría bien que los «situara» gracias a un texto que, sin ser leído de memoria, acentúe el efecto cómico.

Como siempre en animación, conviene utilizar la palabra adecuada en el momento preciso. También es recomendable, además, disponer de un gong *para indicar el inicio o el fin de un juego.*

Y, por último, explique con claridad las reglas de cada juego antes de empezar. Esta precaución le evitará conflictos... o un vergonzoso fracaso si no ha sido comprendido por los participantes o por el público.

Ruta en autocar: manténgase cerca de su público

Esta forma de turismo está experimentando una formidable expansión, sobre todo gracias a los pasajeros de la tercera edad, que nunca antes habían estado tan jóvenes, ni de cuerpo ni de mente.

Con un confort de alta categoría que hace de ellos lujosos salones ambulantes, los autocares permiten actualmente desplazamientos, de puerta a puerta y a grandes distancias, sin un cansancio excesivo.

Los pasajeros tienen posibilidad de admirar los paisajes por los que pasan, mirar una película en las pantallas de vídeo... o escuchar al animador del viaje.

Las rutas cortas, de un día, por ejemplo, y las rutas largas, normalmente de una semana, implican dos tipos de animación.

La ruta corta

Imagine que tiene que animar la salida de una asociación de internos de medicina. Absortos por su trabajo, expuestos todos los días a la enfermedad y al sufrimiento, estos prácticos facultativos necesitan desquitarse y reír cuando se quitan la bata blanca.

Y es usted quien va a distraer a estas buenas personas, a las que lleva de Barcelona a Sant Sadurní d'Anoia para visitar unas cavas.

Barcelona, Puerto Olímpico, domingo a las 09.00 h de la mañana. Se siente en plena forma, y del mejor humor posible, no hace falta decirlo, al acoger a sus 50 pasajeros, tanto si hace buen día como si llueve a cántaros. Ha tomado un sólido desayuno (indispensable), y ha cogido el mapa de la zona, una guía de la región, sus documentos de animación (que más tarde se explicarán) y algunos lotes de regalos. También ha cogido, como siempre, un botiquín... a pesar de la profesión de sus acompañantes.

Está tranquilo, por supuesto, ya que hace unos días realizó en coche el mismo recorrido y tomó nota de los puntos más interesantes. Esto le permite estudiar antes de partir y con el conductor del autocar, que será su compañero del día, el itinerario, las paradas y los horarios de ida y vuelta, que siempre hay que intentar respetar.

Ha previsto lo siguiente:

— una parada en Sitges para ver y admirar su iglesia modernista;
— una visita a las cavas Codorniu, de arquitectura modernista y diseñadas por Puig i Cadafalch;

— la comida en un restaurante de Sant Sadurní d'Anoia;
— una visita al museo del vino en Vilafranca del Penedès;
— regreso a Barcelona;
— llegada al Puerto Olímpico a las 20.00 h… a menos que haya atascos de circulación.

También ha estudiado las curiosidades de la ruta, lo que le permitirá decir algunas palabras a su paso por los monumentos y lugares más significativos.
Todo el mundo está en su sitio. ¿No falta nadie? Pues adelante.
Después de los tradicionales saludos, presentación del conductor e información del programa, ¿qué tipo de animación conviene proponer a los pasajeros?
Circulando no es recomendable importunarlos con incesantes intervenciones con el micrófono (tanto menos cuanto que el sonido a bordo suele ser nasal y, por tanto, agotador). Además, no olvide que el viaje en autocar constituye:

— un espectáculo móvil que capta las miradas;
— una oportunidad de reencuentro y de intercambio para la gente de una misma empresa;
— para algunos es una buena ocasión para dormir un poco.

En resumen, ni con el relativo silencio del autocar logrará captar toda la atención que podría conseguir en una sala de espectáculos.
La práctica me lleva también a aconsejarle una *animación ligera*, como por ejemplo:

— limitarse a algunos juegos de preguntas para crear ambiente;
— y, a continuación, proponer un juego de preguntas escritas y divertidas a las que los pasajeros van a tener que ir respondiendo tranquilamente, según les convenga, durante el trayecto de ida.

Entrégueles el cuestionario, si es posible en una carpeta rígida (que previamente habrá conseguido de un patrocinador). Recogerá las copias al llegar al destino y las puntuará durante la comida con la ayuda de algunos voluntarios. Esto le permitirá amenizar los postres, con la proclamación de la clasificación y la entrega de premios. Y, como mínimo, tendrá que ofrecer al ganador, con el acuerdo del presidente y del tesorero, una botella de cava.
¿Qué puede presentar a los viajeros durante el regreso?

¡Creatividad! Le sugiero que les pida que le ofrezcan una docena de rimas masculinas y femeninas, con las que componer un poema espontáneo que relate los acontecimientos del día.

Para permitirle la redacción de estos cuartetos con éxito garantizado —es la sorpresa del regreso— invite a algún espectador para que le releve con el micrófono —siempre hay alguien a quien le encanta cantar en público.

Después de una corta serie de preguntas de observación sobre los acontecimientos y las visitas realizadas durante el día, finalmente llegan al punto de arribada. Si por problemas de tráfico se ha producido algún retraso, no se preocupe, si los pasajeros han disfrutado a lo largo del día y se lo han pasado bien, seguro que se lo perdonarán. Para finalizar, un merecido aplauso para el conductor, que suele ser la figura olvidada en estos viajes.

UNA VARIANTE DE LA RUTA CORTA

En un trayecto similar, pero esta vez formado por dos autocares, tuve ocasión de organizar una competición entre ambos vehículos, uno azul y uno verde, al trasladarme de uno a otro entre las diferentes paradas. Propuse el mismo juego de preguntas escritas a todos los pasajeros, cuyos puntos se contabilizaron por vehículo a la llegada.

El día fue amenizado por dos efectos cómicos que funcionaron a la perfección:

— una falsa avería muy bien representada por el conductor del primer autocar, que pidió a todos los pasajeros que bajaran… y empujaran;
— un falso control de policía en el segundo autocar, muy bien interpretado también por dos falsos policías que se llevaron a un pasajero detenido y no lo devolvieron hasta la siguiente parada.

Ideas que pueden realizarse y que le ofrezco con mucho gusto.

EL CIRCUITO LARGO

Evidentemente, no se puede establecer una comparación posible entre una salida de un día y un viaje de una semana.

Con la ayuda de nuestra imaginación, franqueemos el Atlántico y aterricemos en Canadá, para animar una ruta turística, también en autocar, por las provincias de Quebec y Ontario.

Esta vez estamos en Ottawa, y los clientes son cincuenta afiliados a una compañía de seguros, que están de viaje de placer. Usted pertenece a una agencia local, un *tour-operador*, y está al cargo de la diversión del grupo.

El recorrido es clásico: Ottawa, las cataratas del Niágara, Toronto, Montreal, con una parada cada noche en un hotel, excepto la última, que la pasarán en habitaciones de huéspedes —una costumbre muy singular de la región.

A la función de animador se añade ahora la de informador permanente, por no decir la de guía. Así pues, ya no se trata de un simple aficionado, sino de ejercer un oficio serio. Por ello, tendrá que conocer e informar a los viajeros sobre:

— la historia de Canadá en general, y de Quebec y Ontario en particular;
— la economía del país;
— sus costumbres, originalidades y vocabulario básico;
— la vida cotidiana de sus habitantes;
— sus éxitos, sus fracasos, sus temores y sus esperanzas.

Todo esto gradualmente y en situación, a lo largo de los días recorriendo las autopistas, atravesando regiones y ciudades. Y siempre con intervenciones lo más breves posible: no abuse de las cifras y los porcentajes por el micrófono si desea que le escuchen y sigan su explicación.

Por supuesto, previamente habrá estudiado los folletos adecuados y recibido la formación necesaria por parte de quien le haya contratado. Y, sobre todo, se habrá formado en el puesto de trabajo haciendo rutas como asistente con otros colegas, antes de emprender usted solo una aventura de tal envergadura. Además, se ha confeccionado un «visualizador», que no abandona nunca y que contiene toda la documentación necesaria; puede consultarlo en todo momento, y responder con exactitud a las preguntas que no cesan de hacerle. Vale más atrasar una respuesta que dar al momento una información incorrecta. Los pasajeros confían en usted y no puede arriesgarse a perder su confianza.

En estos casos (viajes más o menos largos), animar también consiste en valorizar, sobriamente pero siempre con alegría, los paisajes, monumentos... que van pasando. Y hacer algún comentario, explicar alguna anécdota, hacer algún juego de palabras para amenizar la información...

De esta forma se unen el ayer y el hoy. Así surgen y se encadenan, tras el vidrio de las ventanas del autocar, como en una película en color, la aventura del navegante Jacques Cartier, el descubrimiento de las cataratas del Niágara, la historia del jarabe de arce, la epopeya de los indios hurones e iroqueses, la vida del cantante Félix Leclerc en la isla de Orléans... El animador es un «comerciante» de sueños. Y también es, en su papel de acompañante, el «pastor» del grupo. Recuerde que contar a los pasajeros cada vez que suben al autocar debe ser su primer reflejo.

Pero mi explicación no sería completa, si no citara, al lado de la noción de servicio, otra cualidad que debe tener todo buen animador: tiene que estar disponible y saber resolver todas las contrariedades que puedan surgir a lo largo del viaje. Es posible que encuentre un pasajero despistado en otro autocar, que tenga que localizar una maleta perdida, encontrar una farmacia en un lugar prácticamente desierto... todo lo que suceda en el día a día formará parte de sus funciones diarias.

A lo largo de un periplo canadiense como este, que experimenté recientemente, pude apreciar toda la eficacia de la dimensión emocional puesta al servicio de la animación. Quiero hablar aquí de un animador que no duda en decir a sus pasajeros que aprecia su oficio, que necesita relacionarse, que le gusta dar y recibir... en pocas palabras, ¡que le gusta la gente!

Este animador existe... ¡lo he encontrado! Él no soportaría la idea de iniciar una ruta sin haber intercambiado unas palabras personalizadas con cada uno de los viajeros, y que cada uno se presente a su vecino en el autocar. Una mirada cálida, un sincero dar la mano, un beso —por qué no—, un cumplido justo, son para este comunicador nato simples pero valiosas señales de reconocimiento, que lleva a cabo cada día y que anima a practicar. Y es cierto, la abuelita que de repente se siente nostálgica a 5.000 kilómetros de sus nietos aprecia esta solicitud de comunicación, por muy efímera que sea, y recobra la sonrisa.

«¡Para mí, animar, crear ambiente, es hacer que las personas se acerquen unas a otras!» me ha confiado, con total fe, este joven apasionado por los Encuentros. Sí, con una E mayúscula...

Si pasa usted por Quebec, quizá se cruce con él, llevando la gran maleta de una débil pasajera, por el pasillo de un hotel. O posando para una fotografía de recuerdo en medio de un grupo, en el vestíbulo del aeropuerto de Saint-Sauveur. Todos los agentes de viaje lo conocen y lo aprecian. Se llama Stéphane.

> **LOS TRUCOS QUE FUNCIONAN**
>
> *En las rutas largas es esencial para el animador imponer, de entrada (¡y con una sonrisa!), su estilo, su ritmo, en dos palabras, sus astucias ambulantes, capaces de favorecer la comunicación y, por tanto, el buen desarrollo del viaje.*
> *Esta actitud es un reflejo del pensamiento positivo: invita a todos los pasajeros a pensar —y a actuar en consecuencia— que la jornada será excelente.*
> *Unos predican las virtudes del deporte: proponen algunos movimientos gimnásticos al inicio y durante el día.*
> *Otros creen en las previsiones astrológicas: todas las mañanas dan el horóscopo de los signos del Zodiaco.*
> *Otros son más prácticos: a la llegada de cada etapa, van a buscar las llaves de las habitaciones del hotel y las distribuyen a los pasajeros en el autocar.*
> *Cada animador tiene su truco. Elija el suyo. A menos que, como Stéphane, los utilice todos. Después de todo, no son incompatibles.*

> **RECOMENDACIÓN**
>
> *En un autocar, su espacio es el asiento de delante. Ahora bien, la posición en el sentido de la marcha le obliga a dar la espalda al público. Piense siempre que el interior del vehículo es una sala. Es preferible, y posible, situarse de pie en el pasillo cuando hable a los pasajeros. Tiene que verlos a todos, y viceversa. ¡La mirada debe estar siempre presente!*

Las manifestaciones locales

Rally turístico: creatividad, humor y preocupación por los detalles

El *rally turístico* (denominado también *rally de paseo*) tiene la ventaja de permitir utilizar múltiples formas de locomoción.

La más utilizada es el coche, pero también existe el rally ciclista, a pie, con patines o patines en línea, incluso bajo tierra, es decir, el rally por el metro.

¿Quién organiza estos rallys?

Frecuentemente, las asociaciones, peñas y movimientos corporativos de todo tipo, para quienes el rally forma parte, en épocas de buen tiempo, de las salidas anuales. Como animador, puede ser contratado tanto por un círculo de genealogistas como por el club deportivo de la ciudad. ¿Y por qué no proponer usted mismo la idea a sus vecinos?

Créame si le digo que tiene el éxito asegurado, porque el rally turístico es el mismo tipo de la manifestación exterior de convivencia.

A modo de ejemplo, se expone un rally automovilístico. ¿Cómo se hace?

El concepto es simple, aunque comporta muchas variantes posibles, a elección de los organizadores.

Se trata de hacer que unos veinte coches —es decir, entre 80 y 100 personas— hagan un circuito turístico de 100 a 120 kilómetros, en cuatro o cinco etapas de unos 30 kilómetros cada una, que tendrán que descubrir con ayuda de unos enigmas. Puede incluir una comida en el campo a mediodía y una cena en un restaurante, donde se darán la clasificación y los premios.

La palabra *clasificación*, unida a *rally*, no debe inducirnos a error. No se trata de una prueba de velocidad. Si bien se trata de recorrer los puntos de control, siempre se hace a un ritmo normal, respetando totalmente el código de circulación.

En estos casos, animación también significa una organización previa. Es usted el creador, organizador y animador. El rally de paseo se caracteriza, efectivamente, por una serie de preparativos que deben ser cuidadosamente efectuados, como una mecánica bien revisada antes de su puesta en marcha.

A continuación, se exponen los aspectos fundamentales.

La localización

Elija un sector de fácil acceso y relativamente cercano al domicilio de los participantes: ¡no los obligue a hacer 100 kilómetros para llegar al punto de partida!

Dé prioridad a las curiosidades turísticas. Prevea un trazado fuera de las grandes carreteras nacionales y que le lleve hasta el punto de partida. ¡Piense en los embotellamientos del fin de semana! Si puede, haga esa localización con otra persona, para detallar mejor el recorrido. Apunte sus observaciones: kilometraje de cada etapa y kilometraje total, tiempo de parada y duración de la prueba, distritos que se atraviesan, situación de los paneles indicadores, etc.

Desde la partida hasta la llegada, busque siempre grandes emplazamientos que permitan aparcar fácilmente los vehículos y realizar juegos al aire libre (plaza del pueblo para las etapas, claro del bosque para comer y, si es posible, con un cobertizo cerca por si llueve).

Encuentre un restaurante o un albergue que disponga de una gran sala privada y, si es posible, sin columnas, para que todos se puedan ver bien. Localice la disposición de las puertas, las ventanas y las tomas de corriente (para enchufar el equipo de sonido), para elaborar seguidamente el plano de las mesas. A ser posible, elija mesas redondas de ocho personas en lugar de grandes mesas rectangulares que no suelen permitir una buena comunicación.

Las formalidades administrativas

Pida todas las autorizaciones necesarias:

— al gobierno civil, en caso de que usted lo crea necesario;
— a los ayuntamientos de los pueblos-etapas;
— a los granjeros, si pasa por sus campos (sólo por cortesía, porque no suelen oponerse).

Para estos actos, es imprescindible suscribir un seguro especial (lo cual no dispensa a los participantes, por supuesto, de tener asegurado el coche, indicación importante que debe especificar en la carta de convocatoria).

La concepción de las pruebas

En función del público, puede concebir el rally a partir de, al menos, dos fórmulas:

— la resolución de enigmas culturales, para los que haya que consultar guías y diccionarios para superar las etapas;
— la propuesta de enigmas únicamente basados en el buen sentido y en el humor, y que sólo requieran el mapa de carreteras de la región.

Una vez elegida la fórmula, hay que redactar:

1. Un reglamento explicativo junto con unos criterios que permitan hacer la clasificación final.
2. Una hoja de ruta para la anotación individual de los puntos obtenidos.
3. Los enigmas, que hay que dar a cada coche antes de salir, y que están reunidos en un juego de tres sobres:

a) el sobre-enigma (que contiene la indicación sobre la ruta que hay que seguir con los jalones codificados y el nombre de la etapa escondido bajo una forma particular); como ejemplo, para las cuatro etapas del rally en cuestión, el nombre de la etapa se encuentra disimulado, respectivamente:

— en el envoltorio de una tableta de chocolate (entregada con el sobre);
— en el boleto de apuestas anexo (en el que algunas letras, agujereadas con un alfiler, indican el pueblo-etapa);
— en la diagonal de un montón de cartas;
— en un número de teléfono que hay que encontrar... y marcar para oír el nombre del lugar de llegada.

b) el sobre-socorro (que ofrece una indicación suplementaria pero hace perder puntos);
c) el sobre-paracaídas (que, como su nombre indica, evitar perder una etapa, pero sale aún más caro en lo que a puntos se refiere).

Para evitar toda tentación (los participantes son a veces muy creativos...), es conveniente que los sobres de socorro y de paracaídas estén precintados y sean exigidos a cada equipo en los controles.

Los juegos de sobres, unidos con una goma elástica, son entregados a la salida del rally, para las dos etapas matinales, y a la salida, después de la comida, para las dos etapas de la tarde.

La logística

Se necesita un equipo de, al menos, seis personas:

— cuatro comisarios de etapa (dos para el control de salida y de la tercera etapa, y dos para el control de la segunda y la cuarta etapa);

- un responsable de premios y lotes (recolección, transporte y distribución);
- una persona —usted mismo— para supervisar el acto (pasar por las etapas, contactar con las autoridades, animar las comidas del mediodía y de la noche).

Prepare también el siguiente material:

- una carpeta para cada equipo (que contenga el reglamento, la hoja de ruta y el juego de sobres unido con una goma elástica);
- los números que hay que pegar en el capó de los coches (o una carta de juego para poner detrás del parabrisas, si prefiere la discreción);
- un equipo de sonido portátil (compruebe las pilas);
- un magnetófono con cintas para poner música de ambiente (con pilas y cable);
- dos mesas y sillas de *camping* para los controles de las etapas;
- un botiquín de primeros auxilios;
- su maleta de animación (con mapas de rutas, silbato, disfraces eventuales y objetos para los juegos que se realizarán a lo largo del día).

Los horarios

Sea muy riguroso en este punto.

Dé la salida a la hora prevista, haga abrir y cerrar los controles de etapa en las franjas horarias indicadas, si no el rally puede atrasarse mucho y dar lugar a quejas. ¡Sería una lástima!

No olvide que se trata de una competición (amistosa) y que los participantes en dificultades deben abrir los sobres.

¡Es el juego!

La hoja de ruta

Es una pieza clave de la organización.

Se presentará en todas las etapas a los comisarios, que la apuntarán inmediatamente. Tan sólo quedará una anotación que hacer por la noche en cada hoja, para obtener el total de puntos adquiridos por cada equipo.

Los juegos

Prepare:

— dos juegos al aire libre por etapa, en total ocho juegos, que los comisarios harán que cada equipo realice a su paso;
— dos grandes juegos de equipo (juegos espectaculares).

Ejemplos de juegos de etapa

Los objetos misteriosos. Ponga en un cubo objetos diversos (un billete, una moneda, una víbora de plástico, una pastilla de jabón, etc.). Pida a un miembro del equipo que los identifique, con los ojos tapados.
Vino blanco o tinto. Haga que reconozcan el color de un vino, también con los ojos tapados (¡sólo un trago!).
¿Qué queso es? El mismo procedimiento. Este juego puede agruparse con el anterior. Pan, vino... y los quesos disponibles.
¿De quién es esta sonrisa? Presente a los equipos una tabla en la que estén pegadas unas diez fotografías de sonrisas (elija personalidades conocidas).
Botellas y anillas. Haga lanzar y ensartar anillas (de cortina) por el cuello de una botella situada a cierta distancia.
Latas de conserva. Haga que derriben a 3 metros una pirámide de latas de conserva vacías sobre una mesa con tres pelotas de tenis.
Botellas y bolas de petanca. Coloque seis botellas en el suelo, a 5 metros, y haga que las rompan con tres bolas de petanca.
La mayonesa. Ponga a disposición de los equipos un recipiente, un tenedor, un huevo y el aceite necesario para su elaboración. ¡Guarde la mayonesa que salga bien para la comida!

Ejemplos de juegos en equipo

Deben ser juegos espectaculares, que pueden proponerse para después de la comida. Es un buen momento para emplear el equipo de sonido portátil.
Cadena de ropa. Este juego conviene realizarlo en un claro del bosque y con buen tiempo. Pida a todos los equipos que hagan una cadena con la ropa que llevan sus miembros (deben atar las prendas y ponerlas en el suelo). La cadena más larga ganará un premio especial por

la noche. Tenga en cuenta, por supuesto, el número de participantes de cada coche. Cuidado: ¡especifique en este juego el límite de la decencia!

Apuestas de caballos. Cada equipo tiene que elegir a un corredor y un compañero que llevará a la espalda (un caballo y su jinete), a lo largo de un pequeño circuito que hay que determinar alrededor del claro del bosque. Dé a cada jinete un dorsal numerado y, antes de la carrera, haga que los participantes desfilen para permitir a los espectadores que evalúen las monturas y puedan apostar. Prepare los premios, que serán entregados por la noche a los concursantes ganadores.

El tema

Le aconsejamos que amenice el rally con un tema. Pida a los participantes que preparen un disfraz para la noche, preferentemente elaborado por ellos mismos, y que se tendrá en cuenta para la clasificación.

Ejemplos de temas:

— los bailes populares, las provincias españolas, etc.;
— los colores (ropa bicolor, tricolor, de un único color).

Su ropa y la de los comisarios tiene que resaltar durante todo el día. Escoja una ropa y un peinado parecidos, o un sencillo sombrero de algún color llamativo.

Las obligaciones del día

A la vez, para implicar a todos los pasajeros de los coches y para animar la noche, incluya en el reglamento algunas obligaciones divertidas:

— confeccionar un animal con productos de la naturaleza (madera, plantas, piedras…);
— tejer un objeto con lana o hilo;
— acercarse a alguien a lo largo de la ruta, durante el día, para obtener 100 puntos de bonificación. Esta persona, que será un cómplice disfrazado haciendo autostop (por ejemplo, un monje o un escocés), rubricará la hoja de ruta bajo demanda;
— llevar un kilo de pasta alimenticia o de patatas (por la noche, serán el premio de los que lleguen los últimos…);
— componer una canción o un poema sobre el rally.

La animación de la velada

Después de una jornada llena de sorpresas, juegos y risas, el ambiente de la cena siempre es excelente.

No se olvide de pedir un fuerte aplauso para las personas que le han ayudado a realizar el rally. También le aplaudirán a usted... y, al igual que sus colegas, ¡se lo merece!

Los equipos están impacientes por conocer los resultados. Hágalos esperar haciendo, entre plato y plato, algunos juegos de preguntas (véase el capítulo «Lista de juegos presentados»).

A continuación, presente las creaciones (objetos fabricados) y pida a los equipos que interpreten sus canciones o poemas (¡este es un gran momento que siempre gusta!).

Cuente las anécdotas más destacadas y divertidas que ha presenciado a lo largo del día, mientras los comisarios acaban de elaborar la clasificación.

A la hora de dar los resultados, hágalo con misterio: empiece por el último clasificado (que recibe la pasta alimenticia o las patatas...).

Clausure la fiesta dando premios a todos. Se suele ofrecer una copa al equipo ganador, que la devolverá al juego al año siguiente.

OTRA FÓRMULA DE RALLY DE PASEO EN AUTOMÓVIL

Para cambiar el sistema de los sobres, se pueden grabar los enigmas en cintas y proporcionar dos a cada equipo (una por la mañana y otra por la tarde, con un sobre-paracaídas).

Adviértales, en la carta de convocatoria, que es obligatorio llevar un radiocasete con pilas. Esta fórmula podrá disponer de una participación inesperada, si conoce usted a algún animador de radio. Pídale que pase un mensaje indicativo dirigido a los equipos, durante su tiempo en antena. Por supuesto, advertirá a los participantes, antes de salir, de esta ayuda radiofónica, y les dirá el nombre de la emisora y la franja horaria del animador.

Yo pude contar con la complicidad de un presentador de Europa 1 que, un domingo por la mañana, entre un disco y un anuncio publicitario, invitó a sus oyentes a ir a buscar la oreja. Es decir, ir a Auvers-sur-Oise, donde residió Van Gogh, el pueblo-etapa de un rally sobre el tema del arte pictórico que tuve el placer de animar.

Kermeses: sorprenda a los visitantes

Cualquier animador de tiempo libre lo sabe: ¡todos somos niños grandes! Aún tenemos en nuestras mentes, a veces con nostalgia, nuestros juegos de escuela. Y más tarde, ya como adultos, sólo pedimos poder volver a encontrarnos con ellos —aunque sea adaptados— en nuestros ratos libres. ¿Acaso el rally turístico no es, en sí, una emanación del juego de pistas, practicado por todos los niños alguna vez?

Es precisamente de esta idea de juego de la que surgieron las tradicionales fiestas votivas y parroquiales, al igual que las fiestas foráneas y las kermeses. También es esta disposición lúdica del hombre, y su sed de libertad, las que inspiraron la creación de los campamentos de turismo, lugares de ocio por excelencia, y que se explicarán en el capítulo siguiente.

¿Cómo funciona una kermés?

Le han propuesto que organice y anime la kermés de su pueblo.

De nuevo, en este caso y antes de nada, la organización es la palabra clave.

Su facilidad de expresión oral va a servirle, en primer lugar, para preparar el acto, tomar contacto con todos los servicios administrativos, empresas y personas afectadas. Los principales son:

— administraciones municipales, civiles y... fiscales;
— policía y bomberos;
— compañías de agua, electricidad y comunicaciones;
— la empresa de seguros;
— instaladores de casetas y podios;
— el electricista;
— el responsable del equipo de sonidos;
— proveedores de bebidas (para el quiosco o los quioscos de bebidas);
— el servicio de restauración (si se pretende ofrecer comidas);
— la orquesta y los artistas deseados, o sus agentes;
— la Sociedad General de Autores y Editores (toda difusión pública de obras de autores-compositores obliga a realizar un pago a esta sociedad);
— la imprenta elegida (impresión de carteles, boletos de entrada y para la tómbola).

¡No se preocupe! No estará solo ante todos los trámites que hay que realizar, si bien todos ellos son instructivos.

En las páginas anteriores, ha constatado que, sea cual sea su forma, la animación depende siempre del trabajo en equipo. Dependiendo del papel exacto que le sea destinado (que tiene que estar claramente definido en un contrato escrito), quizás no tenga que realizar usted todos los contactos en cuestión, sobre todo en las instituciones municipales que tengan servicios técnicos habilitados. Se hará entonces un reparto de las tareas, y es posible que, con la animación, y de forma automática, le toque realizar la organización artística de la kermés. Esto le pondrá, antes y durante, en relación con el escenario previsto, por supuesto, y también con el equipo de control (el realizador y su equipo).

¿CÓMO ES UNA KERMÉS?

Suele realizarse en un parque municipal y durante un fin de semana.

Se compone materialmente de casetas (de 5 a 10 metros cuadrados, a veces más, según el espacio disponible) situadas en el perímetro de este espacio, con un gran podio en el centro, un puesto de control en un lugar colindante (caseta o caravana) y uno o varios quioscos de bebidas.

¿QUIÉN LLEVA LAS CASETAS? ¿QUÉ HAY EN ELLAS?

Suelen ser los miembros de asociaciones municipales, por tanto, voluntarios, quienes llevan las casetas. En particular, delegados de secciones culturales y deportivas, que exponen sus actividades y se alegran de recibir adhesiones. Y, también, servicios sociales, como pueden ser organizaciones humanitarias, que recogen con mucho gusto donaciones para sus proyectos. Así pues, los visitantes pueden observar numerosas expresiones de la vida municipal. Cuando se ponen artículos a la venta (confitería, pastelería, insignias, revistas, banderines, ceniceros, etc.), los beneficios se destinan íntegramente a una causa concreta.

A veces, sin embargo, también puede haber casetas comerciales. Es decir, los comerciantes alquilan un puesto, y este se convierte en un auténtico mostrador de venta que suele ser muy rentable. Pero entonces es más conveniente hablar de mercadillo, no de kermés. Y es frecuente confundir ambos términos.

Veinte, cincuenta o más casetas, en localidades importantes, pueden ser instaladas con motivo de una kermés. Y en lugar de permanecer quietos, limitándose a dar un folleto en el que se describe la actividad de la asociación, a los voluntarios les gusta mucho ofrecer al público, aunque sea con el fin de retenerlo unos instantes, la posibilidad de jugar.

También hay casetas completamente destinadas a jugar, en las que, por algunas monedas destinadas a proyectos solidarios, todo el mundo puede, por ejemplo, tirar al blanco con una escopeta y ganar un peluche en una tómbola.

Como es usted el animador general, quizá se le pidan ideas de juegos adecuados para la ocasión. Encontrará una selección de los que mejor funcionan en el capítulo «Lista de juegos presentados».

La animación global de la kermés, en este sentido, tiene una doble misión:

— animar todo el recinto del acto con actividades;
— presentar un espectáculo sobre el podio.

ACTIVIDADES ESPECTACULARES

A continuación, se exponen diez actividades interesantes que pueden realizarse en una kermés.

Recuerde que estas fiestas populares atraen a muchos niños, por ello no debe sorprenderle que estas actividades sean destinadas esencialmente a ellos:

Caseta de marionetas: siempre tienen éxito.
Lanzamiento de globos: diríjase a un especialista.
Venta de globos: inseparable de la anterior.
Paseos en burro o poni: éxito garantizado.
Venta de sombreros de papel: se venden con la entrada.
Búsqueda del tesoro: hay que descubrir un objeto anunciado y escondido en una caseta.
Carrera de sacos: animada desde el podio y por en medio de las casetas.
Carrera de camareros: con botellas y vasos de plástico.
Carrera de huevos o limones: con una cuchara en la boca.
Batalla de confetis y serpentinas: propuesta recomendable para la noche.

Espectáculos sobre el podio

Es típico presentar, después del discurso del alcalde o de su representante, y antes del artista invitado, diferentes representaciones que, por esta vez, harán las delicias de los padres. Decida usted entre las sugerencias:

Grupo folclórico: música, baile, colores y alegría.
Charanga municipal: ¡indispensable!
Majorettes: ¡que no falten!
Demostración de aerobic, judo, halterofilia: valore a los deportistas locales.
Acróbatas, juglares, equilibristas: el circo tiene el honor…
Gran número de ilusionista: ¡temblores con la mujer cortada en trocitos!
Karaoke: se podría descubrir a un futuro artista de la canción.
Fuegos artificiales: punto final esperado y que siempre gusta.

¿Y la chispa de la fiesta? Además de la de alguna bengala o algún petardo que puede utilizar para hacer un efecto inesperado, dos elementos de animación bien estudiados con el comité responsable pueden proporcionar, a media tarde, una nota de humor y dinamismo a la ciudad:

— un desfile de carros con flores o de brillantes coches antiguos;
— una carrera de patines de ruedas o de patines en línea.

Si la organización lo permite, haga que la meta esté en la zona de la kermés. Esto atraerá a nuevos visitantes.

UN PUEBLO DENTRO DE OTRO PUEBLO

Hace algunos años, tuve la ocasión de animar una kermés estival en Bretaña, concretamente en un pueblo llamado Plougrescant, donde en lugar de las casetas habituales se había reconstruido un antiguo pueblo bretón. Recibimos a un público entusiasta, feliz, que redescubría la tradición y degustaba crepes a la sidra en casitas con tejado de paja.

Se trata de una muy buena idea que puede adaptarse a cualquier región y país, en un momento histórico en el que todas las provincias intentan más que nunca afirmar su identidad.

Centros de vacaciones: juegos y retos

En cualquier momento, se le puede presentar la ocasión de animar un centro de vacaciones para niños y adolescentes.

La mayoría de los juegos que se presentan en este libro se pueden realizar en estos centros (véanse los capítulos dedicados a los juegos infantiles al final del libro, en los que encontrará algunos juegos explicados paso a paso). Por supuesto, es muy recomendable que añada a su programa de juegos al aire libre todos los juegos de preguntas que se adecuen al tema de la naturaleza, los animales, la historia y la geografía. Algunos ejemplos son:

Los gritos de animales.
La longevidad de los animales.
El origen de los animales domésticos.
Las regiones y países en los que viven animales salvajes.
Las familias de animales (ejemplos: cerdo, cerda, lechón; carnero, oveja, cordero y borrego).
Las listas alfabéticas de animales (haciendo la distinción entre animales domésticos y animales salvajes).
Imitar con mímica a un animal o dar sus características para que lo adivinen.
Las ciudades y las provincias del país, haciendo adivinanzas con los nombres de las ciudades, las provincias y las comunidades autónomas.
La gastronomía y las regiones: ¿de qué región son originarias la paella, la fabada, las migas, etc.?
Comunidades, provincias y capitales: ¿de qué provincia es capital Toledo? ¿y a qué comunidad autónoma pertenece?

La necesidad de ser un animador *multifunciones*, como se apuntaba unas líneas más arriba cuando se hablaba de la kermés, se impone del mismo modo en el marco del ocio de la juventud. A la función pedagógica que constituye el juego se añade un aspecto psicológico muy importante.

Tiene que combinar, con su polivalencia, un agudo sentido de la justicia y la claridad. Mucho más que los adultos, los niños y adolescentes expresan sus necesidades particulares, a veces con mucha insistencia y pasión:

— exigen equidad, respeto por la palabra dada;
— razonan con «sí, pero…» porque desean estar convencidos;
— quieren ir «detrás de la magia», descubrir los trucos;

— esperan respuesta a múltiples preguntas;
— discuten con mucha facilidad.

¡No los decepcione! ¡Escúchelos!

De hecho, tienen necesidad de dialogar, de intercambiar de verdad. Para obtener su adhesión en las actuaciones, dé siempre normas precisas y explique con paciencia los juegos: mejor dos veces que una. Asegúrese siempre de que le han entendido (un resultado no debe ser puesto nunca en duda). La reformulación, que no quiere decir machaconería, es un excelente entrenamiento para el arte de la síntesis.

Como habrá podido constatar... ¡el juego es algo serio!

FORMACIÓN EN LA FUNCIÓN DE ANIMADOR DE UN CENTRO DE VACACIONES

Animar un centro de vacaciones no es un trabajo que pueda ejercer cualquiera, ya que, a pesar de lo que pueda parecer a simple vista, no es nada improvisado, todo lo contrario.

Este tipo de animación exige toda una serie de conocimientos teóricos, psicológicos y prácticos, que se pueden llegar a aprender.

Si tiene un mínimo de 17 años y desea hacer de acompañante en los ratos libres y en las vacaciones de niños y de adolescentes, puede prepararse para esta misión siguiendo una formación y obtener el título de monitor.

Para ello deberá aprender principalmente:

— *los diferentes tipos de estructuras que hay de los centros de vacaciones y de ocio;*
— *sobre el grupo (constitución, funcionamiento, dinámicas de grupo, relación con los demás, trabajo en equipo);*
— *una base teórica y práctica con niños y adolescentes;*
— *sobre la vida colectiva (organización de la vida cotidiana, iniciación a las diversas actividades, entretenimientos, juegos, seguridad material y afectiva de los residentes).*

Existen muchas de vías de acceso a la formación o a la obtención de un título de animador, entre las que se encuentran:

— *Formación Profesional de grado superior;*

(continuación)

— *cursillos de orientación profesional, impartidos por ayuntamientos o los propios centros de vacaciones o empresas turísticas.*

Por regla general, es un trabajo muy estacional y puntual, lo que beneficia a jóvenes y estudiantes, que ven en él una posibilidad de hacer prácticas y ganar dinero para poder seguir estudiando.

A pesar de ello, últimamente se está produciendo una gran demanda en este sector, y muchas escuelas de turismo imparten cursos especializados de animador. De hecho, es también una vía de inserción laboral para los estudiantes de turismo.

IMPORTANTE

*La animación es una escuela permanente. El juego también.
Observe y tome nota de los juegos que existen… e inventése algunos nuevos.
Preparar un juego ya es animar.
Adapte siempre los juegos al terreno de juego y a los jugadores.
Toda reunión exige que alguien se encargue de organizarla.
El animador-acompañante es el «pastor» del grupo.
Manténgase cerca de su público.
Hablar a varias personas es hablar a cada una de ellas.
Ofrezca su experiencia.
Animar, incitar a jugar es acercar a las personas a los demás.
Concebir, organizar y animar son verbos complementarios.
Animar es también informar. ¡Sea claro!
Preocúpese por los detalles.
Sea convincente! Demuestre lo que dice.
Sorprenda al niño que existe en el corazón de cada espectador.
Dar a ver es, literalmente, «hacer que salga por los ojos». Hacer oír es «coger por las orejas».
Imponga su estilo, su ritmo, y su particular forma de hacer reír.
Explique bien los juegos, si es necesario varias veces, y sepa repetir.
Reformular no es machacar.
Comunique sus trucos. Enseñar es aprender dos veces.
El animador es un «vendedor» de sueños.*

La animación de los clubes de vacaciones

¿Cómo hablar de la animación de clubes de vacaciones sin citar al que se ha convertido en el modelo de todos los demás, esto es, el Club Med?

Siempre recordaré aquella noche de verano de 1959, en Córcega, donde me alojaba en uno de sus primeros campamentos, todavía muy parecidos a un *camping*, con tiendas y casas polinesias... de madera. Estaba sentado sobre la arena blanca de Santa-Giulia, con los pies en el agua, y miraba, mientras hablaba con el director del campamento, la puesta de sol que encendía la bahía de Porto-Vecchio.

Aquel hombre atento y apasionado, que yo iba descubriendo gracias a sus palabras, estaba profundamente convencido de que los hombres y mujeres de ciudad, prisioneros de sus corbatas y sus zapatos de tacón, necesitaban liberar sus cuerpos y encontrarse realmente con la naturaleza. Había que proponerles algo diferente del sempiterno hotel de la playa.

Con una visión sorprendente, me describió durante más de dos horas este concepto naciente de vacaciones y animación al aire libre, sin radios ni periódicos, con chozas de paja tahitianas, deportes náuticos a la carta, cocina abundante y fiestas todas las noches. Literalmente, me vendió la idea de descubrir el Mediterráneo con *su* fórmula, porque, según opinaba, muchos de estos campamentos florecerían en los años siguientes, antes de dispersarse por todo el mundo.

Sorprendido, yo lo escuchaba con cierto escepticismo, pero él, seguro de sí mismo, respondía sin rodeos a todas mis preguntas, como técnico conocedor de su tema, y me hacía preguntas. ¿Qué pensaba yo de su proyecto? Mucho después de la llegada de la noche, imaginaba con mi huésped estos pequeños paraísos terrestres rodeados de mares de color turquesa, que él me detallaba como un arquitecto, viéndolos ya, como son hoy en día. ¿Quién era ese visionario entusiasta que, hace más de cuarenta años, preparaba sus primeras armas, antes de revolucionar realmente el turismo del planeta?

Se llamaba, y se sigue llamando, Gilbert Trigano, cofundador del Club Med, dos palabras evocadoras de lugares suntuosos y de ambiente acogedor.

En el campamento

Hombres, mujeres...

Prácticamente todo el mundo conoce el éxito del Club Med, una organización que no necesita en absoluto que se le haga publicidad. Esencialmente es mencionada como ejemplo de convivencia a gran escala, con sus cientos de campamentos alrededor de todo el mundo. Cada uno de ellos, desde el de Pompadour, en los brezales de Corrèze, en Francia, hasta el de la isla de Bora Bora, una de las perlas del océano Pacífico, podría plantar a su entrada un panel indicativo en el que se leyera: «¡Aquí todo es animación!».

Porque los GO (Gentiles Organizadores), que acogen a los GM (Gentiles Miembros), tanto si son gerentes como si son monitores de vela, responsables de restaurante o pinchadiscos, camareros o directores de campamento, son animadores... al lado del animador oficial. Todos están allí, cuando uno baja del coche, con la charanga y los habituales efectos cómicos, pero también con su competencia, su amabilidad y su tranquilidad, que son las consignas del club desde su nacimiento.

Esta función es en sí misma un nuevo oficio, porque el GO no se limita a llevar la maleta hasta el *bungalow*, ni a transformar su dinero en una copa, ni a contentar a sus papilas gustativas en el restaurante, ni a sacarle del agua con esquí náutico, ni a imitar, con vestido y peluca negras, a una cantante famosa, por la noche, en el escenario del anfiteatro. Añadiendo a su especialidad la sonrisa cómplice, la broma del día y esa palabra de contacto que hace que usted exista en su mirada, actúa de manera que usted se sienta aceptado, reconocido. ¡Sólo usted! En pocas palabras: usted es el amigo esperado.

Para este GO, experto en comunicación, animar es también ofrecer a su alrededor, como si fueran ramos de flores y en todo momento, pequeñas chispas de alegría. ¿Quién se queja ante tales placeres?

¿Quiere usted convertirse en animador de campamentos de vacaciones? No espere poder coger demasiado rápido el micrófono y subir al podio. Ya lo ha entendido, encontrará progresivamente su campo de trabajo en la proximidad con el público, en la generosidad, a través de mil y un momentos de relación que constituyen la jornada en un club. Y cuando, alguna temporada, haya hecho de todo, es decir:

— acompañar en excursiones en autocar o barco hasta la ciudad más próxima;
— hacer los rituales juegos-preguntas después de las comidas;
— organizar un torneo de cartas o un bingo;
— divertir a los niños con un disfraz de Pluto o de Donald;
— montar una batalla de tartas de nata;
— vestir el esmoquin blanco de un *boy*, y también el sombrero de un bailarín de tango en la revista del casino… antes de parodiar al director del campamento, de quien habrá «recogido» la manera de caminar y sus muletillas, en un *sketch* de su propia creación.

Entonces, en ese preciso momento, se habrá convertido en el animador polivalente que forman y buscan los clubes de vacaciones.

Ya estará preparado para animar sin ningún complejo, fuera de un club, todo tipo de acontecimientos. O para evolucionar, como los hermanos cómicos Pierre y Marc Jolivet, el fantasista Vincent Lagaf' o el cantante Yves Duteil —después de su paso como animadores por el Club Med—, hacia los oficios del mundo del espectáculo.

El club es una escuela, abierta permanentemente. Permite a sus GM, una sola noche o varios años si así lo desean, convertirse en GO, y es eso lo que me había sugerido Gilbert Trigano durante nuestra larga conversación.

Personalmente he aprendido mucho observando a André Naudin —uno de los grandes de la animación del club— en sus actuaciones en Caprera y Dinoratico, entre otros lugares. Este hombre de escenario percibía desde el primer momento las preferencias del público que lo estaba viendo en ese instante.

La reacción de los GM a las habituales payasadas de acogida y algunas conversaciones en el bar le informaban. Gracias a esta información, escogía el estilo que tenía que adoptar durante la semana o la quincena: burlesco, cantarín, tierno, poeta, inteligente o, a veces, hasta de guardián. Con esta aguda intuición, esa mirada de anticipación, que preparaba y repetía minuciosamente con su equipo de juego, sus efectos cómicos, sus veladas… era todo un éxito.

Y de ahí pasó a convertirse en uno de los principales encargados de sonido en el cine. Su nombre se puede ver en los créditos de muchas películas francesas.

¡Recuerdos, recuerdos! Hoy en día, «la era Trigano» ha acabado, pero su huella inicial aún pervive. El Club Med ha empezado este milenio bajo una nueva dirección, pero manteniendo los rasgos que han provocado el formidable éxito de un gran concepto. Las características más notables son:

— la *libertad* total que todo el mundo encuentra en el lugar de veraneo elegido;
— la *igualdad* de trato que reciben todos los miembros;
— la *fraternidad* natural que se instala entre ellos desde que dejan sus maletas en el suelo.

Y juegos

Son muchos los juegos que han nacido en los clubes de vacaciones y, a continuación, han dado la vuelta al mundo y atravesado el tiempo, a merced de animadores y animadoras.

Las cadenas televisivas y las emisoras de radio, grandes consumidoras, no se reprimen a la hora de adoptarlos y readaptarlos sin cesar en sus emisiones de entretenimiento.

A continuación, se presentan algunos —juegos de preguntas, juegos al aire libre, juegos náuticos y juegos de sociedad.

Los juegos de preguntas

En los campamentos de vacaciones, los juegos de preguntas tienen que ser breves. Es aconsejable presentarlos después de las comidas o al inicio de la velada-espectáculo.

En la mesa, o en la pista de baile, los participantes tienen que desplazarse para ir, mediante una rápida carrera, a dar la respuesta correcta. La carrera hacia el animador forma parte del juego. Esta *pregunta-café* (llamada así porque da derecho a un café en el bar) siempre es un momento esperado.

Estas son algunas propuestas:

La charada. Es un acertijo que consiste en adivinar una palabra, haciendo una indicación sobre su significado y el de las palabras que resultan tomando una o varias sílabas de aquella. Ejemplo:
La primera sirve para condimentar.

La segunda es molesta.
Y completa, a base de gotas te pueden mojar.
Solución: sal / picar - salpicar

Las adivinanzas. Ejemplos:
— Oro parece, plata no es. ¿Qué es? Un plátano.
— Hace años que está en el mar y no sabe nadar. La arena.
— ¿Qué cosa es que silba sin boca, que corre sin pies, que pega en la cara y tú no lo ves? El viento.
— Verde fue mi nacimiento, y de luto me vestí; los palos me atormentaron, y oro fino me volví. Las aceitunas.
— Como la espuma de blanca voy por el aire y el suelo, pero nunca por el agua, porque con ella me pierdo. La nieve.
— ¿Cuál es el animal que por la mañana camina a cuatro patas, al mediodía, con dos; y al atardecer con tres? El hombre.

Ni sí ni no (descrito anteriormente; muy utilizado en los clubes).

Las iniciales dobles. Nombrar diez artistas de cine cuyas dos iniciales sean iguales. Ejemplos: Greta Grabo, Charlie Chaplin, Marylin Monroe, Simone Signoret, Greer Garson, Brigitte Bardot, Robert Redford, Silvester Stallone, Marcelo Mastroianni, María Montez.

El ojo que no ve. Decir diez expresiones que contengan la palabra *ojo*. Ejemplos: ojo de buey, ojo de gallo, ojo de perdiz, ojo de agua, ojo de la escalera, ojos de cangrejo, ojo de patio, ojo de la tempestad, ojo de gato, ojo de boticario.

Los dientes sin bocas. Citar cinco tipos de dientes que no sirvan para masticar. Ejemplos: diente de ajo, de león, de lobo, de perro, de sierra.

Las bocas sin dientes. Enumerar diez bocas que no coman. Ejemplos: la boca del metro, de incendios, de dragón, de escorpión, de fraile, de fuego, de gachas, de lobo, de riego… y a boca de cañón.

Las agujas sin hilo. Decir diez agujas que no cosan. Ejemplos: la aguja del reloj, de acupuntura, de tejer, de la vía férrea, de bitácora, de pastor, de fogón, de mechar… y el vino de aguja.

Los animales con plumas y pelo. Dé una trompeta a un jugador y una campanilla a otro. Uno tiene que tocar la trompeta cuando se cita un animal con pelaje y el otro tocar la campana cuando se nombra un animal con plumas. Un café para quien cometa el menor número de errores.

¿De quién es este sombrero? Citar diez nombres de sombreros y pedir que indiquen quién los lleva. Ejemplos: solideo, cura; sombrero de ala ancha, cordobés; turbante, indio; bombín, inglés; chapela, vasco; mantilla, española; fez, moro; quepis, militar; tricornio, guardia civil…).

LOS JUEGOS AL AIRE LIBRE

Estos juegos se realizan normalmente en la pista de baile antes del espectáculo o a lo largo de la velada.

La batalla de almohadas. Dos jugadores se ponen frente a frente, a caballo sobre un caballete rodeado de colchones. Uno de los caballeros tiene que hacer desmontar al otro a golpes de almohada. ¡Las plumas saldrán volando rápidamente!

Los cubos de agua o de harina. Dos participantes, con las manos en la espalda, arrodillados cada uno delante de un cubo, lleno de agua o de harina. Un premio para el primero que recupere, con los dientes, un pequeño objeto (en general una moneda). ¡Un juego para comer y beber!

Los espaguetis. Ate, en el centro de un poste de madera instalado verticalmente en la pista de baile, dos hilos de 5 a 6 metros de longitud. Invite a dos jugadores a morder el extremo con los dientes y a ir avanzando hacia el poste mientras se van metiendo el hilo en la boca. El ganador es quien primero toque el poste con la boca. ¡No hay que tragarse el hilo!

Las sillas y los ladrillos. Es una variante de la silla y las cajas de conserva (véase juego de crucero en la página 95). Los dos participantes, con los ojos vendados, tendrán que encontrar una silla cada uno y doce ladrillos situados por la pista. Después, deberán instalar la silla sobre cuatro pilares de tres ladrillos cada uno antes de sentarse en ella. ¡Una difícil ascensión al trono!

Los tarugos. Proporcione dos tarugos de madera (o dos ladrillos) a dos participantes. Estos tendrán que dar la vuelta a la pista lo más rápidamente posible caminando sobre los dos tarugos que van haciendo avanzar de uno en uno, según van caminando. Por supuesto, está prohibido poner el pie en el suelo antes de llegar a la meta. El juego puede consistir en avanzar de lado y tener que poner los tarugos uno al lado del otro. ¡Ay, mi espalda!

Las culebras. Variante de la carrera de sacos. Descosa el fondo de veinte sacos de patatas y fabrique con ellos dos tubos de diez sacos cosidos juntos. Forme dos equipos de tres participantes que, uno detrás de otro, tienen que atravesar un tubo arrastrándose muy rápidamente por la pista de baile. Los asistentes pueden, eventualmente, tirar de la entrada y la salida de un tubo. Un premio para los tres participantes del equipo que se presenten ante usted de pie. ¡El tubo de la risa!

La cesta de ropa. Dé a cuatro concursantes que estén en bañador una cesta que contenga ropa. Cada cesta debe contener un disfraz diferente (por ejemplo, payaso blanco, romano, soldado...) de tallas grandes y con calzado, por supuesto. A una señal acordada, tendrán que correr y vestirse sin detenerse, cogiendo el asa de la cesta con la boca y dando vueltas alrededor de la pista. El ganador es, evidentemente, quien se vista primero y dé menos vueltas alrededor de la pista. Recomience el juego al revés: ¡quien primero vuelva a estar en bañador gana! ¡Una velada bien vestida!

La maleta galopante. Se trata de llenar de ropa cuatro maletas, dispuestas en el extremo de la pista. Cuatro equipos de seis participantes vestidos deben enviar a su primer jugador a desvestirse y vestirse. Este deberá volver con la maleta que lleva su ropa, que tendrá que ponerse el segundo, después de haberse desvestido. Correrá hacia el otro lado para desvestirse de nuevo y volverá con la maleta para el tercero, y así sucesivamente. El equipo ganador es el que se encuentre de nuevo en la línea de salida con la ropa originaria. ¡Locura en el guardarropa!

Los trajes de papel de periódico. Forme seis equipos de dos personas. Dé a cada uno un montón de periódicos y un rollo de cinta adhesiva. Pida a cada equipo que, con un costurero y un maniquí, creen en 10 minutos a un personaje de su elección, vestido con un traje de papel de periódico. ¡Noticias que se tienen en pie!

¿De quién son estas pantorrillas? Pida a diez hombres que vayan con pantalón corto que se alineen, de pie, en el escenario. Invite a la compañera de alguno de ellos a la pista. Cúbrale los ojos y pídale que identifique a su compañero únicamente palpando las pantorrillas a los hombres que tiene delante. Frecuentes confusiones y... ¡posibles escenas de celos!

Los juegos náuticos

Se pueden jugar en la playa o en la piscina, dependiendo de los casos. A continuación, se explican diez que siempre tienen éxito. Las risas están garantizadas.

Tirar de la cuerda. Dos equipos, uno a cada lado de la piscina, se ponen en fila india, mirándose, con un cuerda tendida por encima del agua. El equipo ganador será quien haga caer al agua a los miembros del equipo adversario. Un paño rojo atado en el centro de la cuerda nos indicará en todo momento qué equipo va ganando. Se trata de una prueba a la vez deportiva y espectacular.

El torneo. Dos jugadores, de pie sobre dos barcas hinchables (o de madera, si se hace en el mar), navegan uno hacia el otro, intentado hacer caer al adversario al agua empujándolo con una larga pértiga. Por supuesto, el extremo de esta tiene que estar envuelto en una gruesa capa de trapos, y el torso de los jugadores debe estar protegido por un escudo de espuma. El torneo se hace a dos jugadas y, eventualmente, un desempate; puede dar lugar a apuestas.

Los modelos buceadores. Organice un desfile burlesco de modelos disfrazados, peinados y maquillados horrorosamente, que acabe con un chapuzón cómico desde el trampolín. Cada maniquí lleva un nombre de perfume en la espalda, lo que puede dar lugar a un voto por «aplaudímetro» («medir» los aplausos del público). ¿Quién gana? ¿El Poison de Dior o el Chanel n.º 5?

Las pelotas de pimpón. Cuatro nadadores se ponen en los cuatro lados de la piscina, con una cucharilla de café en la boca y, cada uno de ellos, con un cubo o una cesta en el borde. Lance en el centro de la piscina veinte pelotas de pimpón. Cuando suene el silbato, los jugadores se deberán sumergir en el agua, con las manos a la espalda, y deberán traer, una por una, el mayor número de pelotas posible con la cucharilla y dejarlas, también sin usar las manos, en el recipiente. Este juego se puede practicar con una cucharilla sopera y limones si las mandíbulas son fuertes…

Los platos tragados. Lance al azar unos diez platos en la piscina y deje que se posen en el fondo. Invite entonces a dos jugadores a sumergirse y a recoger el máximo número posible. ¡Sin mascarilla, evidentemente!

La carrera de bañeras. Los participantes deben introducirse en grandes recipientes de plástico (tinas, barreños). Tienen que efectuar largadas de piscina, ida y vuelta. Si se caen, pueden volver a subir a la embarcación. ¡Los remos son sus propias manos!

La plancha bajo el brazo. En la playa, pida a cinco participantes lo siguiente:

— que corran hacia el mar desde un punto determinado con una plancha bajo el brazo (sin vela);

— que naveguen estirados hasta el pontón, donde tendrán que coger un objeto acordado;
— y que regresen a la playa, al punto de partida. ¡Sin dejar la plancha!

La carrera de los camareros de piscina. Diez concursantes tienen que hacer, de espalda, dos largadas de piscina con una bandeja, una botella llena y dos vasos (de plástico) fuera del agua.

Los funámbulos. Instale una tabla estrecha atravesando la piscina. Ponga encima las piezas de dos vestimentas (calzoncillos largos, camisa, corbata, traje con chaleco). Pida a dos concursantes en bañador que vayan a vestirse en equilibrio sobre la tabla, cada uno a partir de un lado diferente de la piscina.

Los trajes de baño. Ponga dos maletas llenas de ropa (misma cantidad en ambas) en un extremo de la piscina y dos maletas más, similares, en el extremo opuesto. Sitúe dos jugadores en bañador al lado de las maletas. Cuando toque el silbato, tendrán que:

— tirarse a la piscina, atravesarla y cruzarse con sus adversarios;
— salir de la piscina, abrir la maleta que tienen delante y vestirse;
— tirarse de nuevo vestidos a la piscina y volver al punto de partida.

Ganará el equipo que vaya más rápido.

Los juegos de sociedad

Los *juegos de mesa* no son olvidados —ni mucho menos— en los campamentos de vacaciones, para gran placer de los aficionados al *bridge*, al ajedrez, al parchís… que prefieren largas sobremesas delante de las cartas y los peones, a la sombra de una pineda, antes que hacer la siesta o dar largos paseos por la playa. Así pues, puede organizar y animar un campeonato, hasta de varios días, de uno de esos juegos. Esto quiere decir que se encargará de:

— la publicidad del campeonato (oral, por micrófono, y escrita, en los tablones que están a su disposición en lugares de paso, bares, restaurantes, tiendas, piscina);
— la formación de los equipos;
— el lugar (espacio necesario, iluminación, mesas, sillas, papel, lápices);
— los premios y su posterior distribución, el día antes del espectáculo.

Evidentemente, adoptará esta función si está capacitado para ello, es decir, si tiene un conocimiento perfecto y una gran práctica de los juegos en cuestión.

En estos casos, se encontrará en la misma situación que los animadores especializados en informática, alfarería, pintura sobre tejido, que, además de dominar la técnica, también les gusta enseñar.

En el anfiteatro

La mayoría de campamentos de vacaciones están dotados de un espacio escénico inscrito en un anfiteatro.

Las ventajas de este edificio son evidentes para actores y espectadores: facilidad de evolución y proximidad para los primeros en el escenario, y mejor acústica y buena visibilidad para los segundos en las gradas. En resumen, una agradable convivencia circular y sin techo para todo el mundo.

¡No estaban tan locos, los romanos y los griegos! El anfiteatro constituía el principal lugar de reunión para ellos. Dos milenios más tarde, sobre las mismas tierras, este teatro modernizado sigue siendo, en los campamentos de vacaciones, un lugar privilegiado para la comunicación.

Y es en ese lugar donde, cada semana, los recién llegados se reúnen para escuchar la *conferencia de bienvenida* por parte del director del campamento y la presentación de todos los equipos de trabajo. Es en ese lugar donde, a media tarde, los melómanos acuden a soñar mientras escuchan un concierto de Vivaldi o una sinfonía de Mozart. También es donde cada noche, a dos pasos de los *bungalows* de bambú y de techo de caña, los residentes se apresuran a venir a jugar, reír y aplaudir el espectáculo, y luego a bailar, normalmente hasta muy entrada la noche.

Después del comentario acerca de los resultados deportivos del día y de la entrega de los premios correspondientes, es conveniente dar la información sobre las excursiones del día siguiente y los juegos, ¿qué espectáculo presenta, después de la cena por ejemplo, el equipo de animación?

El buen humor, la broma y la risa (que no impiden la emoción) son las bases sobre las cuales, en la misma línea que durante el día, se apoyan también las veladas. Estas pueden organizarse alrededor de útiles y variados temas que pueden llenar los programas semanales, como por ejemplo:

— la televisión;
— el *play-back*;
— la mímica;
— el *sketch*
— el cabaré;
— los niños;
— el deporte;
— el baile.

Recursos por temas

La televisión

El público en general ya está acostumbrado a recibir a domicilio, a través de la televisión, espectáculos de calidad, y manifiesta una cierta exigencia en la materia. No se trata de intentar hacer la competencia a esa «caja de imágenes», pero no está prohibido imitar sus emisiones y a sus actores, ¡ya que de hecho ella misma también lo hace! Al tiempo que es un referente para todo el mundo, la televisión constituye un depósito permanente del que los animadores obtienen muchas ideas. Entre otras:

Las noticias. Parodiar los telediarios es un clásico.
La información meteorológica. Informar de la lluvia y del buen tiempo, con el estilo de meteorólogos famosos, es la continuación lógica de las noticias.
Los debates y las entrevistas. Las emisiones de tertulias o entrevistas pueden ser fácilmente imitadas.
Los reportajes. El Mediterráneo nos invita a descubrir el mundo…
Las variedades. Espectáculos con muchos colores, disfraces y maquillaje permiten, con música y canciones, la implicación total del público.

El *play-back*

Ha sido muy explotado en los campamentos de vacaciones, pero sigue siendo un valor seguro. Hay que decir que esta técnica es práctica, divertida e incluso mágica, cuando se hace un buen uso de ella. Es decir, cuando el imitador está perfectamente sincronizado con el imitado, tanto por el movimiento de los labios como por sus gestos. Qué duda cabe que los ensayos son esenciales.

El *play-back* nos ofrece así la ocasión de espectáculos muy divertidos. Por ejemplo:

El cabaré de *Madame* Arthur. Un espectáculo de travestidos con mucho maquillaje, que reserva grandes momentos cuando aparecen sucesivamente, con fondo de banda de música, Régine envuelta en su boa, Véronique Sanson martirizando su piano, Catherine Lara pegada a su violín… y Johnny Hallyday sudando sobre su guitarra o Julio Iglesias susurrando a su micrófono.

El salvaje Oeste. ¡Una batalla en toda regla en un *saloon* da muy buen ambiente!

La orquesta y los cantantes polinesios. ¡Pareos, collares de flores, ukeleles, onomatopeyas y sinceras carcajadas!

Los cantantes de ópera. Éxito asegurado con Carmen (con su dentadura postiza cayéndose), Don José (y su navaja que no se abre) y Escamillo (que tiene miedo del toro).

La revista del Alcázar. ¡Estrés y lentejuelas! Es aconsejable realizarla al final del espectáculo, con el animador como presentador de la revista, con todo el grupo de bailarines y bailarinas bajo las plumas y el descenso por la escalera de la *vedette* principal…

La mímica

Esta disciplina permite todo tipo de expresión, de una persona o de un grupo, de lo alegre a lo trágico, de lo cómico a lo tierno. Y todo acompañado con las mil y una posturas de un mimo: limpiador de suelos, portador de maletas o pescador.

El *sketch*

Puede retomar textos de personajes cómicos ya conocidos, pero también puede escribir los suyos gracias a la actualidad del club, que ofrece muchas situaciones humorísticas. Le bastará con observar a los GM: la llegada al campamento, su comportamiento en el bufé, en la pista de tenis, en la playa, en la pista de baile, delante de su *bungalow*…

¡Al público le gusta ser imitado (respetuosamente) y verse en el espejo que usted le tiende!

El cabaré

No deje de recurrir al talento del público. Se sorprenderá del número de cantantes, imitadores, instrumentistas, ilusionistas y artistas diversos que le pedirán que les deje actuar.

Además, suelen llevar consigo su propio material. Esto le permitirá realizar, después de los ensayos, veladas de cabaré de temas variados. Por ejemplo:

Un programa de radio (en el que descubrir talentos escondidos).
Un concurso de imitadores y de encargados de sonido.
La noche del *jazz* (con aficionados y la orquesta del campamento juntos).
Un festival de magia.
Y una sesión de hipnosis... ¡porque entre los veraneantes hay también muy buenos actores!

Seleccione tres o cuatro cómplices, que deberán ser discretos, y ensaye con ellos el número.

La noche elegida, los cómplices se presentarán en escena, a una llamada concretada anteriormente, con los voluntarios. Haga una selección de seis a ocho personas que deberán sentarse. Mírelas intensamente una a una y «duérmalas» con las fórmulas habituales (sus párpados le pesan, le pesan mucho, su cuerpo le pesa, va a dormirse, dormir, dormir... ¡duérmase!). Constatará cómo algunos voluntarios muy sugestionables le obedecerán y se dormirán realmente, es decir, conocerán el estado de conciencia modificado. ¡Lo cual dará más crédito aún a su representación! Entonces, pida a cada uno de sus cómplices que toque un instrumento de música imaginario y... que se quite la ropa a causa del insoportable calor que hace en el desierto que usted le describe...

Despierte enseguida, tranquilamente, a todos, que se hallan... en bañador. Los aplausos están asegurados.

Un número excelente, si se prepara y se interpreta bien.

Los niños

Si ha trabajado ya con niños, sabrá lo dotados que están para cualquier representación escénica.

Como no están demasiado influidos por los códigos sociales, pueden dejarse llevar con una naturalidad sorprendente y con mucha creatividad, incluso perfecta, para hacer mímica o imitar a los adultos. En un club, esto permite hacer con ellos prácticamente todos los números que acabamos de describir.

Un telediario televisado, una pelea en un *saloon* o un final con cancán francés en *play-back* interpretados por niños, valen totalmente, por su genuinidad, una auténtica velada de televisión. Y, además, causa la felicidad de los padres que, en las gradas, están enternecidos y orgullosos de las capacidades de sus hijos.

El deporte

La pista de baile se presta por completo a una exhibición deportiva.

Después de presentar un desfile de hombres-*majorettes* o un número de lucha cómica entre dos monitores, les prestará a estos el micrófono para que comenten:

— la final de un torneo de pimpón;
— una demostración de judo (pequeños y grandes);
— un concurso de sumo (entre los pesos pesados del campamento);
— una secuencia de gimnasia rítmica.

También puede combinar deporte y comedia para mostrar una velada de circo con payasos y acróbatas.

El baile

Las vacaciones son la fiesta del cuerpo, la expresión corporal por excelencia. Por tanto, nada de veladas sin baile. Es una excelente ocasión para valorizar la orquesta —es preferible al frío e impersonal radiocasete.

Puede dedicar perfectamente una velada entera al baile. Y en particular invitando a uno o varios grupos locales de música. Hay excelentes grupos en toda la cuenca mediterránea.

La velada puede proseguir con:

La escuela de baile del club infantil.
Un concurso de baile para adultos (rock, salsa, lambada, etc.).

Una secuencia de bailes tradicionales (tango, vals, pasodoble, etcétera).
Una serie de juegos bailados (no más de dos o tres juegos por noche).

Algunos ejemplos de juegos con baile son:

Los limones exprimidos. Dé un limón (naranja o manzana también sirven) a cada pareja. Pídales que:

— bailen con la fruta entre las dos frentes;
— la hagan rodar entre las dos narices;
— la hagan rodar, a continuación, entre las bocas;
— luego, entre las barbillas;
— y la dejen caer hasta los estómagos.

La orquesta acelerará el ritmo cuando usted se lo pida.
Si la fruta cae, la pareja quedará eliminada.

El baile de las estatuas. Pida a la orquesta que toque una serie de bailes rápidos. Cuando usted toque el silbato, la música se detendrá y las parejas de la pista tendrán que quedarse como estatuas. Quien se mueva quedará eliminado. Pase por en medio de las parejas para comprobarlo. Haga el juego progresivamente más espectacular pidiendo a las parejas que compongan una fotografía instantánea al inmovilizarse. Por ejemplo:

— la señora y su perro levantando la pata;
— dos boxeadores frente a frente;
— dos militares saludándose;
— dos ciclistas en tándem;
— el pintor o el fotógrafo y la modelo.

El baile de los globos. Proporcione a cada pareja un globo y 1 metro de cordón. Invíteles a inflar el globo y atarlo al tobillo de la mujer. Con una música muy rítmica, y sin dejar a su pareja, la mujer deberá intentar reventar los globos de las demás parejas.
La pareja que pierda el globo quedará eliminada del juego.
Este puede volver a empezar con el globo atado al tobillo de los hombres. Sólo puede quedar un globo en la pista (el juego se puede hacer también con el globo atado a la cintura, a la espalda…).

El baile del pañuelo. El principio es el mismo que el del juego anterior. La mujer o el hombre tendrán un pañuelo (o un trozo de tela) colgando de la cintura, a su espalda. Las parejas tendrán que intentar coger los pañuelos que pasen a su alcance, protegiendo el suyo. Evidentemente, cuando lo pierdan, dejarán de jugar. Y de premio, ¡dos cafés para la pareja que recoja el máximo número de pañuelos!

Las cartas. Pida a cuarenta y ocho parejas que acudan a la pista. Dé una carta a cada persona, utilizando dos juegos de cuarenta y ocho cartas mezcladas previamente. Haga que empiece el baile y pida que cada persona, con la carta en la mano, busque a su homólogo, es decir, al portador de la carta idéntica a la suya. De esta manera, se formarán cuarenta y ocho nuevas parejas, que bailarán juntos y se conocerán.

El baile del periódico. Dé a cada pareja media página de periódico y empiece un baile. Cuando toque el silbato, el hombre, rápidamente, tendrá que:

— colocar la hoja de periódico en el suelo y ponerse encima;
— coger a la mujer... que le saltará a los brazos.

Si los pies del hombre salen del papel, la pareja estará eliminada.

El vals de las botellas. Ponga diez botellas de plástico en línea, a 1 metro de distancia entre una y otra, y haga salir a ocho parejas. Una por una, tendrán que atravesar la pista... pasando por entre las botellas. Cronometre el juego para establecer una clasificación.

El baile de la escoba. Invite a la orquesta a tocar un vals, por ejemplo. Dé una escoba a un hombre, que se pondrá en el centro de la pista. Su función será golpear el suelo con la escoba y dejarla caer, como señal de cambio de pareja, y encontrar una pareja. Quien se quede solo, cogerá la escoba y golpeará por su parte el suelo. Y así hasta que termine la canción. Es un juego que se anima solo, sin necesidad de su intervención.

El baile del limbo. Como ya se ha comentado anteriormente (pág. 93), este juego se puede practicar en cruceros, pero también constituye una simpática atracción en los clubes de vacaciones. Para amenizarlo, puede vendar los ojos de dos o tres parejas, que tendrán que pasar por debajo de la barra, situada muy abajo...

El baile de la alfombra. Pida a los jugadores que formen una cadena cogidos de la mano, y que giren alrededor de la pista al son de la música. Dé a uno de ellos (o a dos, si hay mucha gente) una pequeña alfombra que tendrá que poner delante del hombre o la mujer que elija. Deberá arrodillarse en la alfombra, inclinarse delante de la persona escogida y abrazarla. Para modificar el protocolo, y hacerlo más divertido, pida a la gente que se abrace con:

— una sola rodilla sobre la alfombra;
— un pie levantado;
— las manos sobre las caderas;
— haciendo una reverencia de cortesano.

Puede clausurar los juegos con bailes transformando este último baile en una gran farándula (véanse las farándulas en el capítulo «La animación de espectáculos», página 151), y prolongar la velada, para quienes lo deseen, recomendándoles la discoteca (muchos clubes de vacaciones tienen una) donde les esperarán las canciones del verano.

La animación, tanto aquí como en cualquier lugar, es el resultado de un trabajo en *equipo*.

Mientras que usted sostiene el micrófono en el anfiteatro, a su alrededor se ponen en funcionamiento:

— el regidor de escena (que lo ve todo desde la cabina de cristal que hay sobre la pista);
— el ingeniero de sonido (el material sufre mucho cuando está cerca del mar);
— el técnico en iluminación (proyectar la luz se ha convertido en un arte);
— el encargado del guardarropa (al que puede disfrazar);
— la costurera (que también hace milagros todos los días);
— la peluquera y la maquilladora (otras dos hadas del campamento).

Sin olvidar al pinchadiscos, que tan bien sabe encadenar en las platinas las voces de Ella Fitgerald, Frank Sinatra, Michel Leeb o Sacha Distel.

Todos, cada uno a su manera, son animadores de grupo, del que usted es, en cierto modo, el coordinador durante la velada.

En la playa

La playa es el escenario más bonito con el que puede soñar un animador.

¿No es, acaso, en los clubes de vacaciones, el colorido paisaje de todos los deportes, desde las escuelas de vela hasta las de esquí náutico, desde el voleibol hasta la petanca?

Y se convierte en un estadio cuando se hacen en ella los *juegos en equipo*, una gran ocasión para «enfrentar» a los veraneantes, o a estos contra los organizadores.

Algunos ejemplos de juegos son:

Tirar de la cuerda (ya citado en los juegos náuticos, aunque en este caso no habrá caída en el agua y la cuerda tiene que ser más larga).

Palos contra escobillas. Con once palos y once escobillas, un balón de voleibol y los veinticinco jugadores correspondientes, puede organizar un partido de *hockey* sobre arena, que nadie olvidará nunca. Cada parte durará un cuarto de hora… y se encarcelará temporalmente, como en *hockey*, a los jugadores que confundan al adversario con el balón.

Rollitos de primavera. Trace en la arena una línea paralela al mar a unos 10 metros de este. Forme dos equipos de diez jugadores en fila india. Pida a dos jugadores —uno de cada equipo— que se estiren sobre la línea, uno al lado del otro. Cuando suene el silbato, los participantes tienen que:

— rodar sobre sí mismos hasta el agua y dar una vuelta completa dentro;
— regresar, también rodando;
— tocar con la mano al siguiente jugador, que ya estará tumbado sobre la línea y saldrá rodando de inmediato hacia el mar.

Gana el equipo que acaba antes el recorrido, es decir, el más rápido.

Las carretillas (un jugador camina sobre las manos y su compañero le sujeta las piernas). Trace una línea de partida y, a 30 metros, una de llegada. Forme dos campos con cinco parejas cada uno. Haga que salgan las primeras carretillas (una de cada campo) y hagan ida y vuelta. Cada carretilla tendrá que cruzar la línea de llegada, regresar, cruzar la línea de salida y el portador deberá tocar la mano del siguiente.

El principio es el mismo que en el juego anterior: el campo ganador es el que hace regresar antes a todas sus carretillas al punto de partida.

Partido de fútbol o de balonmano. Delimite un terreno reducido y acuerde el número de jugadores correspondiente. Se juega según las normas clásicas de ambos juegos, pero descalzos y en bañador.

El juego de las cintas. En un terreno de juego de dimensiones más bien reducidas, enfrente a dos equipos de diez o quince jugadores.

Cada jugador tendrá una cinta de tela en su espalda, saliendo de su bañador (por ejemplo, cintas azules para un equipo y rojas para el otro). El equipo ganador será el que consiga quitar el mayor número de cintas al otro. Como ocurre en el juego bailado de los pañuelos, los jugadores no pueden seguir jugando sin la cinta a la espalda.

TRAS EL TELÓN

Una exitosa velada en el anfiteatro o una magnífica jornada deportiva en la playa desprenden siempre una especie de aura mágica, de entusiasmo... y de preguntas. ¿Qué es lo que le ha generado tanta chispa?, se pregunta entre bastidores el equipo organizador después de la fiesta.

En realidad, no hay ningún misterio, el éxito se consigue tranquilamente con esfuerzo. Siempre y cuando se haga un trabajo de preparación previa. Aunque también influyen el carisma y el vigor del animador o animadores. Siempre son necesarias:

— *una buena visualización previa del acto (imaginar su desarrollo);*
— *improvisaciones preparadas (tener reservadas palabras justas, retruécanos, efectos cómicos);*
— *y también un poco de suerte, o como dicen algunos, el favor de los dioses.*

Se necesitan muchos ingredientes para gestionar las distracciones de un campamento de vacaciones. En este caso, distraer *debe adoptar, para el animador, la plenitud de su doble sentido: «divertir» y «desviar» a los veraneantes de su monotonía y de sus constantes preocupaciones. Debe intentar conseguir que estas desaparezcan, como el mar borra las huellas en la arena. ¿Y eso no es felicidad?*

Las olimpiadas del campamento. Lanzamiento de peso, carreras, maratón, marcha, salto de altura, etc. Un gran acontecimiento que tiene que anunciar con música y con la correspondiente llama olímpica. También puede ofrecer, después de la entrega de medallas, una comida en la playa. Una ocasión para que todo el campamento reunido dé las gracias al jefe de cocina y a su equipo.

A lo largo de estas líneas, se habrá dado cuenta de que la animación en un club de vacaciones es fiesta y juego constantes. También es la creatividad en todo momento. Un juego evoca a otro, que se convierte en el trampolín para otro nuevo. Una idea llama a la siguiente. Así nacen y se modifican sin cesar las actividades de tiempo libre. El animador es, con todos los equipos del lugar, un inventor en permanencia.

Se ha tomado como ejemplo un campamento de *bungalows*, pero también puede llevar a cabo su función en un hotel-club, y tanto en verano como en invierno. Tanto si la organización se llama Club Med, como si se llama Club Aquarius, Club Sangho, o de cualquier otro modo, el principio es el mismo, solamente cambian los espacios de desarrollo.

Estas diferencias en los lugares imponen al animador la necesidad de otra cualidad personal, la *adaptación*.

Recuerdo la aventura que representaba un viaje a un campamento de vacaciones mediterráneo en los años sesenta.

Más de 48 horas de tren —con las mallas para el equipaje convertidas en hamacas nocturnas— para poder llegar a Palinuro, en el sur de Italia. Solíamos detenernos una media hora en pleno campo, en las costas de Salerno, para dejar paso a los trenes rápidos. Tantas paradas incitaban a los GM a bajar y a relajarse por los campos de maíz.

El club remedió este inconveniente de las esperas prolongadas enganchando un vagón-discoteca a sus trenes. ¿Puede imaginarse la sorpresa de los viajeros que se cruzaban con el tren en las estaciones italianas? Nos veían desde sus ventanas bailar el tango y hacer divertidas farándulas en un vagón sin asientos. El antepasado del vagón-restaurante. ¡Una revolución para la época!

Así, el club mostraba ya sus capacidades de innovación. Hoy en día, todos los acompañantes lo saben: la animación forma también parte del viaje.

IMPORTANTE

Animar es, en primer lugar, acoger, adelantarse al otro, dar antes que recibir.
Animación rima con información y explicación.
Mire hacia delante: visualice mentalmente sus animaciones.
Un día sin risas no es un buen día.

(continuación)

Ser intuitivo es adivinar qué espera el público.
Personalice los juegos: sea inventivo.
Analice sus actuaciones.
Pida y… acepte las críticas.
Renuévese con frecuencia.
Si ya no «siente» el juego, transfórmelo o abandónelo. ¡Sobre todo nada de rutina!
El espectáculo es la fiesta de la vista: dé prioridad a los temas visuales.
Observe y escuche a los niños. Aprenderá muchas cosas.
Sepa equilibrar parodias y creaciones.
Un espectáculo es un programa en marcha: ¡nada de tiempos muertos!
Esté presente en el escenario y entre bastidores.
Potencie los talentos: abra el escenario al público.
Vacaciones-club equivale a expresión corporal. ¡Ninguna velada sin baile!
Los ensayos son más que útiles, ¡son indispensables!
Piense siempre que tendrá éxito en sus animaciones.
«La suerte sólo sonríe a las mentes preparadas» (Louis Pasteur).

La animación deportiva

Al tratar la animación de tiempo libre y la de los clubes de vacaciones ya se han tratado un poco los deportes.

Efectivamente, no hay ningún juego al aire libre o juego de equipo que no exija ejercicios corporales.

Desde su creación por la civilización grecorromana, los *juegos del cuerpo* no han dejado de perfeccionarse y codificarse para convertirse en un *deporte* (término que originariamente significaba «juego» o «diversión») tal y como se conocen hoy en día.

El deporte es un auténtico conjunto de disciplinas físicas, cada una de ellas desarrolladas por un individuo o un equipo, con una confrontación y, por tanto, con la victoria como objetivo, ni que sea sobre uno mismo.

Igual que el juego en el que se inspira, el deporte es, de hecho, algo serio. Lo demuestra con sus técnicas, sus reglas y su organización. Hasta el punto de haber dado vida, más allá de la práctica individual, no sólo al profesionalismo, sino también a indispensables oficios y funciones periféricas. Desde el entrenamiento al arbitraje, desde la medicina deportiva a la fabricación y la venta de material, desde el marco federativo por disciplinas hasta la tutela ministerial.

El deporte, diversión para unos y profesión para otros, pero espectáculo en general, se ha convertido en un verdadero fenómeno social. Y, como los comercios, las empresas, el tiempo libre, el deporte necesita… animadores.

Es muy posible que usted sea un enamorado del ajedrez o de correr, un incondicional del fútbol o del baloncesto, hasta el punto de haber fundado un club en su barrio o su ciudad.

¿Desea darle el ímpetu necesario para que se desarrolle, con las técnicas modernas de la comunicación?

A continuación, descubriremos el fascinante mundo de la animación deportiva.

La competición

Al aire libre

Es evidente que en este capítulo no se trata de recoger todas las manifestaciones deportivas que existen. El objetivo es, básicamente, aportar una serie de ideas sobre el establecimiento y el desarrollo de un acontecimiento deportivo relacionadas, eso sí, con el significado que adquiere en este contexto la palabra *animación*.

No hay más que pensar en la «ciudad ambulante» que representa, por ejemplo, la Vuelta ciclista a España. O, en otro registro, la mecánica de precisión necesaria para que funcione la maratón de Nueva York. Las imágenes que se ven por televisión lo aclaran todo: estos dos acontecimientos gigantes, que se han puesto como ejemplos, no se podrían realizar ni saldrían bien sin una rigurosa preparación previa.

En este punto del libro, ya estamos acostumbrados a la necesidad de ese acto previo a todas las formas de animación. Así pues, no debe sorprender que sea también un paso obligado para la organización, tanto a pequeña como a gran escala, de una carrera ciclista de barrio, de una prueba de marcha por la ciudad...

Tomemos como ejemplo una carrera ciclista.

Como presidente fundador —y animador— del club de su ciudad, usted se encarga de la organización del gran premio anual que, un domingo por la tarde, tendrá a un centenar de deportistas corriendo por las calles de la ciudad. Y por la noche, después de la prueba, los reunirá alrededor de una cena para la entrega de premios.

Pero pronto se percata de que esta preparación no es tan fácil como parecía.

¡No se preocupe! Vayamos paso a paso.

Como todos los acontecimientos deportivos *intramuros*, la carrera está sometida a una estricta reglamentación que hay que respetar. Para ello, reúna al comité de organización (constituido generalmente por el equipo de comisarios de la carrera) para:

— redactar juntos la lista de todas las formalidades administrativas necesarias;
— describir las tareas que hay que realizar antes, durante y después de la carrera;
— repartir estas tareas entre ustedes (las tareas se convierten así en las misiones puntuales para los responsables en cuestión).

El conductor general del acto puede abarcar tres vertientes que corresponden, de hecho, a una animación en tres tiempos:

— montaje de la carrera;
— presentación;
— entrega de premios.

El montaje de la carrera

Implica el estudio y el desarrollo de los siguientes puntos.

Las formalidades administrativas (correspondencia y encuentros)

— Autorizaciones del distrito y del ayuntamiento;
— servicio de policía local o nacional;
— servicios médicos (médico de guardia, hospital, Cruz Roja);
— seguro del acontecimiento;
— declaración a la Sociedad General de Autores y Editores, ya citada anteriormente.

El circuito

— Delimitación del recorrido;
— indicaciones (pintura en el suelo);
— kilometraje;
— duración y franja horaria;
— coche-piloto (cabeza de carrera), coches de seguimiento (reparaciones) y coche-escoba;
— ambulancia;
— funcionarios de policía (motociclistas y agentes en los cruces);
— posicionamiento de los comisarios de la carrera;
— servicios municipales (circulación en la ciudad).

Material

— Podio en la línea de llegada;
— sonorización y electricidad (micrófonos, altavoces);
— teléfonos móviles;
— *walkie-talkies* (para comunicarse con los comisarios);

- barreras en las líneas de salida y llegada;
- mesas de control de los corredores, sillas;
- banderolas de llegada y salida;
- brazales y banderas de los comisarios;
- dorsales y agujas;
- refrigeradores y bebidas para los ciclistas;
- cronómetros;
- pizarras y tizas (para apuntar el nombre de vueltas);
- libretas y bolígrafos (control y firma de los ciclistas, clasificación);
- carteles (para poner en los comercios);
- programa de la carrera con los números y los nombres de los corredores;
- copas, flores, premios;
- pistola, silbato.

La logística

- Ajuste y reparación de bicicletas (camión-taller);
- reserva de lugares de estacionamiento (aparcamiento municipal);
- vestuarios, duchas (escuela o instituto);
- entrega de premios y cena (ayuntamiento, sala de fiestas);
- bebidas (café local o puesto de bebidas);
- ventas diversas (puestos);
- tienda de la Cruz Roja.

Los contactos

- Prensa local, regional, nacional;
- radio y televisión;
- patrocinadores (aguas minerales, aperitivos, marcas de bicicletas, fabricantes de maillots);
- restaurador (servicio de *catering*).

LA PRESENTACIÓN

Antiguos campeones de ciclismo acuden gustosamente a dar la salida en carreras de ciclistas *amateurs*, y sus nombres enriquecen el cartel. No dude en invitarlos.

Como presentador de la carrera tendrá que valorizar en el micrófono a las personalidades eventualmente presentes.

A continuación, presente la carrera (hable de su historia, del ganador del año anterior, del número de carreras, de las dificultades del recorrido, etc.).

Pida al invitado de honor que dé la salida al pelotón, con el tradicional tiro de pistola, no sin asegurarse antes de que todos los comisarios están en su puesto. Usted mismo se encuentra en un podio elevado, en el eje de la línea de salida (que es la misma que la de llegada) junto a los responsables que controlan y cronometran el paso de los corredores, y del sonorizador, que difunde la música entre sus intervenciones en el micrófono.

Por supuesto, usted conoce el palmarés de los mejores competidores de la carrera, así como sus particularidades. Utilice el recurso de las fichas de información individual que le permitirán relatar algunas anécdotas durante la carrera.

¡Cuidado! No se le pide que hable sin cesar, porque eso haría que el público se cansara pronto de la carrera, sobre todo si el circuito está ampliamente sonorizado.

Animar una carrera ciclista significa, esencialmente:

— informar al público del paso de los corredores;
— dar la clasificación de quienes van en cabeza en cada vuelta (con nombre y número);
— crear cierto suspense para interesar a los espectadores;
— pedir con regularidad ánimos y aplausos por parte de estos;
— anunciar las ofertas de los comercios y leer sus mensajes publicitarios;
— comentar el *sprint* final... si es que lo hay;
— hacer que una joven entregue el habitual ramo al vencedor;
— entrevistar a este durante unos minutos... ¡antes de acordar un nuevo encuentro con él para el año siguiente!

UN CONSEJO

El locutor deportivo goza de una amplia libertad de tono, pero la broma no siempre es buena consejera. Hable simplemente con la tranquilidad, el humor y la alegría que se adecuan a este tipo de acto.

Por otro lado, no muestre, con sus comentarios, una preferencia por un ciclista o un equipo. Tiene que ser imparcial; esa es su función.

La entrega de premios

Los premios, copas y medallas son, según las circunstancias:

— distribuidos en el lugar, inmediatamente después de la carrera;
— o entregados a lo largo de un acto de honor o de una cena que se hace a continuación de la carrera, en un local cercano (ayuntamiento, sala de fiestas, gimnasio, restaurante).

En el primer caso, la distribución siguiendo el orden de llegada es evidentemente rápida y no permite mucho intercambio con corredores y acompañantes.

En el segundo, es posible hacer una animación y, por qué no, acompañarla de un espectáculo.

Para el ejemplo se ha optado por entregar los premios en una cena, después de la carrera.

¿Cómo se lleva a cabo la recepción, suponiendo que asiste un centenar de personas?

En una sala

«¡Lo importante no es ganar, sino participar!».

Cuando a inicios del siglo XX Pierre de Coubertin, renovador de los juegos olímpicos, realizaba este precepto, estaba apuntando muy bien la doble función del deporte.

Después de la prueba, la entrega de los premios constituye un momento importante muy apreciado por los deportistas. Incluso podría decirse que esta ceremonia, porque es una ceremonia, forma parte realmente de la competición.

Porque, más allá de la copa, la medalla o el regalo correspondiente al puesto alcanzado, sobre todo se ven recompensados el esfuerzo del participante y su voluntad de conseguir una victoria sobre sí mismo.

De hecho, no es una casualidad que los valores maratonianos sobrevivan al paso del tiempo, a las innovaciones que constantemente introducen los clubes deportivos. Al competidor le gusta oír cómo dicen su nombre. Y, al bajar del podio con su trofeo, por modesto que este sea, el participante se lleva también un poco de la magnífica leyenda de los *juegos del estadio*.

Es cierto que entre el tiro de la línea de salida y el ramo ofrecido al vencedor en la línea de llegada, la carrera ciclista, un deporte de los más duros que existen, exige el compromiso total de los participantes, a menudo hasta el sufrimiento.

Así pues, no deje de dar valor a este aspecto en las palabras de bienvenida (¡que serán breves!) y al felicitar a los premiados en la sala de fiestas.

El ritual exige aquí que, de entrada, llame al vencedor de la carrera, entre aplausos, y después a los siguientes (al contrario que en el rally de paseo, en el que se empieza recompensando a los últimos).

Después del reparto de premios y de la cena, dé lugar a la animación que ha previsto y organizado con los comisarios. Podría estar centrada en la bicicleta, que es la homenajeada.

LOS JUEGOS DE PREGUNTAS

Los ciclistas campeones. Ejemplo: ¿Quiénes resultaron vencedores en los tres primeros Tour de Francia o en la última Vuelta ciclista a España?

Un objeto escondido en usted mismo que hay que adivinar. Ejemplo: un par de guantes de ciclista o un cuentakilómetros, que ofrecerá a quien lo acierte.

El palmarés del campeón invitado. Haga al público varias preguntas relativas a su carrera deportiva.

LOS JUEGOS DE INTERIOR

Un concurso de hombre-entrenador. Haga salir a los dos primeros de la carrera (con su bicicleta) para una confrontación de 5 minutos sobre «rodillos»... ¡que quizás permita al segundo tomarse la revancha! Si es posible, prepare dos marcadores electrónicos, visibles para todo el público, que indiquen la velocidad y el kilometraje recorrido por ambos competidores en su máquina. ¡Una competición muy espectacular para la hora del postre!

Ruedas para montar. Invite a dos corredores a subir al escenario para:

— poner tres neumáticos en tres ruedas traseras e hincharlas;
— montar estas tres ruedas traseras en tres bicicletas.

Un neumático para el vencedor.

¡No es tan fácil cuando la bicicleta no es tuya!

Los aros olímpicos. Haga salir al escenario a dos competidores bien fornidos. Ponga delante de cada uno de ellos cinco neumáticos de bicicleta para niños. Cuando usted dé la señal, ellos tendrán que coger los neumáticos uno por uno, pasárselos por los pies y sacárselos por la cabeza.

Un neumático también para el más rápido.

¡No es nada fácil para los corpulentos!

La atracción

Las ruedas misteriosas. Se trata de un truco que sólo puede realizar un ilusionista experimentado. Seguramente usted conoce a alguno capaz de prepararlo y realizarlo.

En lugar de los tres o cuatro aros de metal clásicos, el ilusionista hace que pasen unas llantas de ruedas de bicicletas dentro de otras. ¡Muy espectacular para el final de un encuentro ciclista!

He tenido el placer de realizar un programa como el anterior varias veces, con algunas variantes, y funciona muy bien. ¡El buen humor y las risas están asegurados!

Recuerdo una noche después de una carrera de este tipo. Concretamente en el gimnasio de Marines, sede de una asociación ciclista, en presencia del desaparecido Jean Robic, antiguo vencedor del Tour de Francia. Este hombre, sensible y con muy buen humor, al que le gustaba pedalear con los *amateurs*, era el primero, después del esfuerzo realizado, en participar en la animación…

El reportaje

Fotografías

Animar es también, por definición, ofrecer recuerdos a los demás. ¿Quién no guarda en su mente las imágenes de un espectáculo o una fiesta que salieron bien?

Ahora bien, la memoria, hoy en día, está cada vez mejor asistida, incluso casi sustituida felizmente, por la fotografía moderna. La calidad cada vez mayor de las cámaras actuales y su facilidad de uso, así como sus precios asequibles, desde las desechables hasta las digitales, incitan a guardar los acontecimientos y los recuerdos en un álbum.

Actualmente, en los medios asociativos a la función de animador a veces también le unen la de fotógrafo. Y llevar a cabo ambas funciones resulta perfectamente compatible. Es cierto que, a semejanza de la calculadora y el teléfono móvil, las cámaras fotográficas automáticas no ocupan espacio, por lo que el animador siempre puede llevar una en su maleta de viajes, que le permitirá «congelar» en todo momento las situaciones más espectaculares y carismáticas.

¿Acaso no es el animador quien está mejor situado, en el autocar, tren o avión cuando acompaña a un grupo, o en una sala, en el escenario o sobre un podio cuando hace alguna animación? Siempre está a punto para captar una mirada, una sonrisa, un movimiento divertido de un participante; o la emoción de un artista y la expresión de un conferenciante. Hay tantos momentos con los que poder reencontrarse, agradablemente, revelados, fechados y clasificados, en los archivos de un club.

La imagen sobre papel o en diapositivas también es una herramienta para el animador, tanto antes como durante su trabajo. Puede fotografiar un lugar de evolución y estudiarlo previamente para situar correctamente su animación. Al igual que le está permitido, durante su actuación, captar las fases de un juego y analizar posteriormente las cualidades y los defectos de este. Así puede seguir realizándolo, modificarlo… o sustituirlo.

Así pues, es muy aconsejable para un animador llevar siempre una cámara fotográfica y dos carretes (como mínimo), uno de 200 ASA para el exterior y otro de 400 para fotografías de interior.

La carrera ciclista, con muchos colores a lo largo de todas las etapas, evidentemente se presta a la imagen. Las fotografías, cuyos negativos le pedirán para hacer copias —este es el precio del éxito—, ocuparán un lugar al lado de las copas y medallas, que cada ciclista conserva religiosamente en una vitrina personal, durante muchos años.

Piense también en las veladas de pase de diapositivas, cuando se hagan encuentros en el club.

Salpimentado con algún comentario humorístico (¡como siempre, preparado!), el pase de diapositivas permite revivir juntos los acontecimientos de la temporada.

Y, tanto si se trata de ese corredor molesto y cansado, que asciende a los lagos de Covadonga, en Asturias, como de ese otro tendido en el barro en el último ciclo-*cross*, que aparecen en pantalla, ¡no faltan las ocasiones de emoción y carcajadas!

Y vídeo

En el capítulo relativo a la animación de empresas se comentó que la videocámara no resultaba demasiado adecuada para hacer películas de vídeo.

Efectivamente, el nivel de definición de las imágenes es insuficiente para una buena reproducción.

Por otra parte, una película documental exige un trabajo de montaje y sonido difícil de hacer para un aficionado sin el material profesional adecuado.

En el ámbito de un club deportivo, en cambio, la videocámara está presente, cada vez con una mayor perfección, inmediatamente operativa y, en consecuencia, con total satisfacción. Esto, gracias a su ligereza y sus automatismos. Y también gracias a sus prestaciones, cada vez mejores, a sus películas y a su sonido, que reproducen excelentes imágenes en una simple pantalla de televisión.

Si se utiliza bien en un acto, o dicho de otro modo, si se saben grabar escenas cortas, sin barridas ni cabeceos intempestivos o cambios de *zoom* vertiginosos, la videocámara constituye, junto con la cámara fotográfica, un instrumento destacado para hacer reportajes. Representa para la imagen lo mismo que la pluma para la escritura. Y no es en absoluto necesario poner títulos ni subtítulos para enriquecer la imagen. Se trata de movimientos espontáneos, no de imágenes prefabricadas.

Sigamos con el ejemplo de la carrera ciclista *amateur*.

El papel de animador puede llevarlo a seguir desde un coche, durante cuatro días, una carrera cicloturística de largo recorrido, como por ejemplo, París-Brest-París. ¡Una locura legendaria de 1.200 kilómetros!

Entonces, usted se transforma, a ratos, en abastecedor, cronometrador, entrenador —por qué no— y reportero o cámara, con el bolígrafo, la cámara fotográfica y la videocámara. ¡Y es que sus amigos cuentan con su artículo humorístico ilustrado en la revista del club y con la película de vídeo para el próximo encuentro!

El animador deportivo, testigo del esfuerzo, se convierte así en pintor y poeta… de la carrera. Sea conmigo ese testigo, como lo fui yo hace poco.

En el visor, enfocando hacia el paisaje, ve desfilar los valles recientemente «peinados» por las segadoras. Mientras el relieve juega a las montañas rusas, el pelotón, una monstruosa oruga, parece deslizarse por la cinta del asfalto. Cuando enfoca a los corredores, intenta recoger los efectos cómicos. Las subidas acentúan el movimiento de las espaldas; las bajadas embalan la ronda incesante de las piernas.

Ante sus entretenidos ojos, las piernas «bailan». De vello rizado o liso, con gotas de aceite o brillantes de sudor... Los protagonistas del domingo se preparan para el ataque. Un auténtico festival...

Así filmará, a continuación, en el atardecer violeta, el monte Saint-Michel brillando sobre su roca de luz. Llegada la noche, los corredores con sus cinturones reflectantes contoneándose en la costa de Domfront, como un baile de luciérnagas. Después, a la entrada de Pleyben, el despertar del día en la Bretaña, con un velo de bruma rosado. Una vez en Brest, es difícil el regreso a París. Su mirada tiene que penetrar en la dimensión dramática de la carrera. Una caída aquí, un desfallecimiento allá, un pinchazo más acá, cerca de Landerneau.

Al ritmo de las bicicletas y de los rostros torturados, pasamos por Rennes, con su canal, Laval, en la tranquila Mayenne, y por Mortagne y su mercado de morcillas. Y el acordeón de los supervivientes que se estira a raíz del violento viento de la Beauce. Por fin, el valle de Chevreuse, lugar donde se sufren los calambres típicos tras un esfuerzo tan prolongado. Pero finalmente los héroes llegan extenuados a Versailles.

Y usted lo ha «enlatado» todo en su cámara de vídeo durante los cuatro días que ha durado la carrera.

Tenga por seguro que todos apreciarán verse en la pantalla... y que le encargarán una copia de la cinta, cuando hagan la velada de proyección. Y será una buena ocasión para que la caja del club obtenga algún pequeño beneficio.

Como se ha podido apreciar, la animación deportiva, a nivel de aficionados, no consiste únicamente, ni mucho menos, en hablar a través de un micrófono. La animación por micrófono evocada más arriba no es más que un elemento. Esta es la diferencia con la animación deportiva profesional, en la que la función del locutor sí que es más específica, bien como presentador bien como locutor de un acontecimiento.

Se ha expuesto el ejemplo del ciclismo para dar unidad a este capítulo sobre la animación deportiva, pero es evidente que todos los aspectos tratados se pueden transferir perfectamente a cualquier otro deporte; por supuesto, siempre a nivel de aficionados.

Tanto si se trata de una carrera dentro de su propia ciudad como de un torneo de tenis o de una competición de fútbol o rugby, usted, como monitor y con sus características personales, debe desarrollar todas las cualidades que el término en sí ya propone.

UN ÚLTIMO CONSEJO

La animación deportiva, quizás en mayor grado que las demás formas de animación, implica para el animador la gestión de una multitud de elementos. Para afrontarlos bien es siempre aconsejable:

— *un buen reparto de las tareas (¡permítase el lujo de delegar en los demás!);*
— *un adecuado número de reuniones antes y después del acontecimiento (de duración limitada);*
— *la redacción de informes cortos y precisos (quién hace qué, cuándo y cómo).*

En resumen, la realización de un auténtico trabajo en equipo.

IMPORTANTE

El deporte es el lugar mismo de la organización.
El acontecimiento deportivo es una obra de teatro. Usted no es sólo presentador. También es director y actor.
El deporte está lleno de imprevistos, que usted debe siempre prever.
Vaya siempre directamente al terreno para preparar el acontecimiento.
Recordar está bien, escribirlo todo es aún mejor.
Intercambiar quiere decir también alterar los papeles.
No puede estar en todas partes. Sepa delegar.
El deporte obedece a símbolos y rituales que hay que respetar.
Utilice un lenguaje sencillo en las intervenciones; con esto no se quiere decir que el vocabulario empleado sea vulgar.
El deporte es algo serio, pero tiene que seguir siendo un juego.
El deporte es esfuerzo. Y también la broma y el buen humor.
El deporte implica descripción e imagen. La fotografía y el cine forman parte integrante de la animación deportiva.
Animar es también ofrecer recuerdos.

La animación de espectáculos

España, debido a su historia y, cómo no, a su climatología —hay muchos meses con buen tiempo y las lluvias suelen ser más bien temporales— es un país en el que se realizan muchos bailes públicos, tanto en pabellones como al aire libre. Prácticamente se podría decir que, todo pueblo, cuando celebra sus fiestas, convoca un baile. ¿Qué sería una fiesta de primavera sin una orquesta?

Y es en torno a esa música en directo que aparece el baile.

Bailes de disfraces, bailes campestres, bailes de candil… la tradición de los denominados bailes populares no ha desaparecido todavía, y pervive en prácticamente todas las localidades.

Actualmente, y gracias a las innovaciones técnicas, incluso se puede bailar música de discoteca en la plaza del pueblo. Una cosa no impide la otra.

Paralelamente al baile existe otra costumbre —nada licenciosa— profundamente arraigada a las costumbres: la de las comidas populares o banquetes, que se llevan a cabo en múltiples ocasiones.

Seamos sinceros, la diversión nacional siempre pasa por el baile o por la mesa. En lo que se denomina *distracción de proximidad*, la representación la ocupan también ampliamente las salas de espectáculos de todo tipo, y sobre todo los de *variedades*.

En resumen, tanto si los encuentros son de baile como gastronómicos, ambas cosas juntas, o recreativos, España, a la que le gusta reír y divertirse, sabe bien lo que es la fiesta.

Y, quien dice baile, banquete, matinal musical, merienda, cabaré, cena-espectáculo —las denominaciones no se acaban nunca— dice, una vez más, animación y animador.

Es en el seno de estas diferentes manifestaciones, sinónimos de esparcimiento, buen humor, pero también de amabilidad y generosidad, en el que se le invita a entrar en este capítulo.

¿Cómo animar un baile de sociedad o una cena con baile?

¿Cómo ofrecer diversión en un banquete de bodas o presentar un desfile de modelos?

¿Cómo organizar un árbol de Navidad o una visita a un hogar para la tercera edad?

La fiesta

El baile, reencuentro armonioso entre el cuerpo y la música, es la expresión misma de la fiesta y la alegría. En la serie de movimientos y pasos rítmicos, cruzados o deslizantes, burlescos o románticos, que se apoderan de las parejas de baile, puede llegar a decirse, incluso, que el baile es un lenguaje. ¡Y una animación en sí mismo!

¿Qué es lo que piden los incondicionales del vals, el tango o el pasodoble para moverse bien por la pista sino una buena orquesta… y un buen ambiente?

¿Qué se espera del animador, cuando hay uno, sino que favorezca estas condiciones, creando un clima adecuado alrededor del baile?

Su tarea es especial, porque sus intervenciones tienen que ajustarse a la actuación de la orquesta, sin crear ningún tipo de ruptura. Por definición, los bailarines están ahí… ¡para bailar!

Baile

La gran mayoría de los bailes son organizados por asociaciones, sean del tipo que sean, ya que hay una densa red asociativa en todo el territorio. Esto da lugar a diversos tipos de bailes, según las costumbres y tradiciones, y fiestas. A continuación, se citan las situaciones más frecuentes en este ámbito:

— en el programa sólo hay baile; es el baile típico;
— un espectáculo acompaña la velada; es el baile con atracciones.

Cada uno de ellos, evidentemente, implica para usted un estilo de animación diferente.

Además, puede implicarse en mayor o menor grado en la organización de la velada si es:

— miembro de la asociación y, por tanto, animador voluntario;
— externo a esta, y se supone que remunerado.

En el caso de que sea usted el organizador, no olvide:

— comprobar la configuración de la sala (entradas y salidas de socorro);
— informar a los servicios locales de seguridad y policía;
— establecer un guardarropa vigilado.

Por otra parte, muchas asociaciones recurren actualmente a los servicios de empresas de vigilancia para disponer de un vigilante y de un perro (vigilancia de la entrada y del aparcamiento).

El baile clásico

El papel de la orquesta es el de hacer que el público baile. El de usted, como animador, es hacer que la gente acuda a la pista, que permanezca en ella y que se divierta.

Así pues, ambos son compañeros estrechamente unidos y deben construir el ambiente juntos.

En consecuencia, no deje de llegar pronto antes de la apertura del baile para:

— conocer a los músicos, al cantante o a la cantante, mientras se instalan y ensayan; apunte sus nombres y algunas particularidades de cada uno para presentarlos cuando llegue el momento;
— pedir el programa musical (estilo y principales fragmentos) al director de la orquesta;
— indicarle usted el suyo (y lo que pretende hacer durante sus intervenciones);
— acordar qué micrófono le toca a usted y realizar los ensayos de voz habituales.

¿Cómo crear ambiente en una sala de fiestas?

Normalmente, la gente está sentada en una mesa alrededor de la pista; tienen algo de beber. Usted, en cambio, está sobre el escenario, delante de la orquesta.

Después de la presentación de la velada y el discurso de costumbre del presidente, cuando se trata de un baile asociativo, la orquesta entra en acción, normalmente con una serie de temas dinámicos (pasodoble, marcha) para atraer a la gente a la pista. A veces, a pesar de todo, el arranque es tímido. Es en estos casos cuando le toca a usted utilizar alguna estratagema atrayente. Por ejemplo:

— pida a una pareja de la pista que se separe para ir a invitar a dos personas más, que, a su vez, se separarán para invitar a otra pareja. ¡Así, la pista se llenará rápidamente!;
— pida a las mujeres que inviten a los hombres. ¡Lo están esperando!;
— ofrezca algún premio a quienes acudan primero a la pista. ¡Siempre funciona!

Cuando la pista esté más o menos llena de gente, proponga gradualmente algunos juegos con bailes, y termínelos con una farándula. Puede escoger los juegos entre los propuestos para la animación de clubes de vacaciones. A pesar de todo, a continuación se exponen algunos más:

¡Cambio de pareja! Es un juego clásico, pero siempre resulta eficaz. Invite a quienes bailan a cambiar de pareja cada vez que la orquesta se detenga, a demanda de usted. ¡Deles tiempo para conocerse!

Las chaquetas paseantes. A una señal suya, y bailando, los hombres se quitarán la chaqueta y se la darán a su pareja, que se la deberá poner. Las parejas que no hayan acabado la operación quedarán eliminadas del juego. También puede amenizar el juego pidiendo, sucesivamente:

— que se abotonen completamente la chaqueta;
— que se la pongan sobre los hombros;
— que se la remanguen;
— que se la pongan del revés;
— que se la pongan con los botones a la espalda.

Jaime ha dicho (utilice el nombre del director de orquesta). Los que bailan tendrán que hacer lo que usted diga: «Jaime ha dicho: ¡abrazaos!», «Jaime ha dicho: ¡rascaos la nariz!».
Si no se dice antes el nombre, las instrucciones no tienen que seguirse, y las parejas que las ejecuten serán eliminadas. ¡Juego típico pero divertido!

Las parejas atadas. Proporcione a las parejas una pulsera de goma con la que tienen que atarse de las manos primero… y después de los tobillos (la pierna izquierda de uno y la derecha del otro). Por supuesto, la orquesta, cómplice, acompañará esta demostración de *baile atado* con temas cada vez más rápidos. ¡Desde una lenta balada hasta el charlestón más endiablado!

Las parejas voladoras. Inspirándose en el clásico juego de la infancia, cite algunos nombres de animales, cosas u objetos voladores.

Cuando los diga durante el baile, las parejas tendrán que saltar. La pareja que salte cuando diga «alambre», por ejemplo —objeto no volador—, estará eliminada. Aunque la palabra tenga… ¡ala!

Los globos escondidos. Dé un globo hinchado a cada pareja. Mientras bailan, tienen que protegerlo e intentar pinchar el de las demás parejas. Es una variante del globo atado con un cordel, pero en este caso lo llevan en la mano … ¡o entre las dos personas de la pareja!

El paseo de las salchichas. Dé globos con forma alargada a las parejas. Después de hincharlos, tendrán que pasárselos unos a otros sujetándolos entre las rodillas. ¡Pocos globos consiguen dar la vuelta a la sala!

El concurso de vals. Es ineludible en un baile digno de este nombre. ¡Al derecho o al revés!

Los bailes regionales. En función del origen de la asociación, la sardana, las sevillanas, la jota o el chotis serán homenajeados, con concurso incluido.

La farándula. Normalmente, se utiliza para dar fin al baile. Invite a todos los asistentes, sin excepción, a acudir a la pista y formar un círculo dándose la mano. Al ritmo de la marcha, el pasodoble o la samba, dé instrucciones a los participantes para que hagan diferentes figuras, entre otras:

— todo el mundo avanza cogiéndose por los hombros, y después por la cintura;
— ahora agachados y avanzando de cuclillas;
— también de cuclillas, se coge la pierna del de delante, y luego la otra;
— ahora lo mismo… ¡pero marcha atrás!;
— los hombres llevan a las mujeres a horcajadas… y luego al revés;
— se avanza a pata coja, luego con el otro pie, con un brazo arriba, y luego el otro brazo;
— ahora hay que formar una fila de elefantes;
— cada persona pasa una mano por entre sus piernas y coge la mano de la persona de atrás, y con la otra mano la de la persona de delante;
— y ahora las mujeres se ponen en círculo y los hombres en otro dando vueltas alrededor de estas pero en sentido contrario;
— y al revés, los hombres en el centro;
— las mujeres se acercan a los hombres y los abrazan…

Las posibilidades son múltiples.
¡Y usted puede inventar muchas más!

El baile con atracciones

El baile puede dividirse en dos partes, con un intermedio de una o varias atracciones, por ejemplo:

El grupo folclórico

Pregunte acerca de la duración de la actuación al responsable, para indicar la pausa correspondiente a la orquesta.

El artista de variedades

Cantante, ilusionista, imitador, reproductor de sonidos, humorista, etc. En principio, si es necesario, disponen de una cinta grabada de acompañamiento.

La rifa

Implica una venta previa de boletos (si puede ser, en paquetes de diez), ya sea antes del baile ya sea durante.

La rifa es un espectáculo

Tiene que ser animada en el escenario, por qué no a las 12 de la noche, y no debe durar mucho (de 20 a 30 minutos como máximo), porque si no se podría agobiar a los asistentes... ¡y a los músicos!
Para ello, con los encargados de la comisión o del comité de rifa:

— coloque los lotes por orden de entrega, en un rincón del escenario;
— reúna todas las matrices de los boletos vendidos, arrancadas de los talonarios, y póngalas en un cubilete de champán o en un sombrero;
— pida a un niño o a un adolescente que suba al escenario para sacar los números cuando se lo pida, mezclando bien las matrices previamente.

Empiece regalando los lotes menos importantes, como bolígrafos y botellas de vino, para llegar gradualmente a los tres grandes lotes que valorizará (junto a los generosos donantes), como una bicicleta todo terreno, un televisor portátil y ¡un fin de semana para dos personas en Londres!

Cree un poco de suspense con los diez últimos números, dando primero la primera cifra y luego la última.

Los ganadores tendrán que ir inmediatamente a buscar los lotes, que les dará un responsable (conserve las matrices que le darán durante la rifa, por si hubiera alguna queja).

Evite que se distribuyan los lotes al final de la velada: este método hace ganar tiempo, pero es menos espectacular y obliga a los ganadores a esperar al final del baile. Además, suele provocar aglomeraciones en el guardarropa a la salida.

Por supuesto, debe hacer que quien se lleve el premio gordo haga una prueba (una vuelta en bicicleta o un beso a cada uno de los músicos, por ejemplo).

Otra fórmula, esta mucho más rápida, consiste en dar sólo cinco premios buenos, joyas o relojes, por ejemplo.

Reinicie el baile rápidamente, para evitar que la gente se vaya antes y que la velada termine demasiado pronto.

RECUERDE

Bien organizada, una rifa divierte… y retiene a la gente en la fiesta. Sin embargo, si se hace muy larga, aburre… ¡y provoca que la gente se vaya!

Cena con baile

También se la denomina *cena-espectáculo*, en función de las atracciones que la amenicen.

Dicho de otro modo, es lo más parecido a un cabaré. Una prueba simpática, pero también delicada tanto para el animador como para los artistas en cuestión, porque sigue el ritmo del baile del personal entre las mesas… ¡y el ruido de los tenedores!

La cena con baile, por la disciplina que exige, es muy instructiva para el animador.

La organización y la astucia serán sus dos armas.

En efecto, usted debe gestionar tres situaciones que se superponen a lo largo de la velada:

— la cena;
— el baile;
— la o las eventuales atracciones.

¡Tenga sangre fría! Simplemente debe cambiar de chaqueta y convertirse en un animador-presentador. Es decir: dejar esa noche todos los juegos habituales en la maleta y ponerse al servicio de los acontecimientos. Y, en cierta manera, subtitularlos.

Imagínese que anima una velada con el siguiente programa:

— una comida criolla;
— una orquesta de las Antillas y sus bailarinas;
— un desfile de moda de las islas.

¡Con el ponche, la música del Caribe y la perspectiva del desfile de modelos, la temperatura y el ambiente llegarán enseguida al nivel más alto!

Como usted ha preparado la animación con las personas que intervendrán, ya sabe:

— decir una palabra o una anécdota divertidas sobre la comida cuando lleguen los platos;
— presentar con un comentario divertido todas las danzas típicas interpretadas en la pista por las bailarinas (¡el *biguine*, el calipso, el *reggae* y el merengue ya no tienen secretos para usted!);
— y, por supuesto, hablar en el momento preciso del madrás, ese tejido de seda y algodón de colores tan intensos, y que se emplea para confeccionar trajes y vestidos femeninos.

Está seguro de sí mismo, porque ha asistido al ensayo del desfile de moda y ha tomado las notas necesarias. Conoce el nombre de quienes van a desfilar y ha elaborado cortas fichas numeradas con las características técnicas de cada modelo. Por su parte, la orquesta acompaña cada desfile con algunas notas de vibráfono apropiadas, que alegran los comentarios que usted hace.

Esta buena sincronización le permite dominar el conjunto del acto. Y canalizar el entusiasmo general. ¡Los aplausos, en el momento oportuno, siempre son un buen resultado!

El banquete

Bajo este vocablo se designan las recepciones solemnes o que dependen de una ceremonia particular.

En términos de animación, pertenecen, entre otros actos, a esta categoría:

— el banquete de bodas;
— la cena de gala (veladas de beneficencia de la Cruz Roja, de Green Peace, de otras organizaciones, etc.).

A continuación, se verán las funciones del animador en estos dos casos.

Banquete de boda

ANTES DE LA CEREMONIA

Si el lugar le es desconocido (restaurante, salón de hotel, sala municipal), visítelo al menos el día antes para estudiar su configuración, así como el menú que se servirá. Indique al responsable del lugar qué necesita para montar el podio (una tarima de madera cubierta con una tela o una alfombra suelen ser suficientes para que usted pueda controlar todo el lugar).

Si utiliza la sonorización del establecimiento, pida que le dejen hacer una prueba previa (tomas de corriente, amplificador, micrófonos, platinas, discos, altavoces...) y asegúrese de la presencia de un técnico.

EL DÍA DE LA BODA

Piense que los invitados a una boda representan dos grupos, que prácticamente no se conocen y que se observan... ¡Le toca a usted crear una unidad!

Después de las palabras de bienvenida (eventualmente, después de los padres —véase modelo de discurso en el capítulo «Argumentaciones, discursos y alocuciones»—), cuando los invitados se sienten a la mesa y, si es necesario, para romper el hielo, pídales que se presenten y, entre hombres y mujeres, que se abracen. Después, haciendo que se levanten para verlos mejor, pídales que aplaudan:

— a los novios, a los padres y a los abuelos;
— a las mujeres, los hombres; y viceversa.

Con estos gestos tan sencillos de buena convivencia, relajará el ambiente de inmediato, e iluminará los rostros de todos los presentes.

CUATRO REGLAS DE ORO

Procure que el aperitivo no dure más de una hora.
¡No se puede mantener la atención de personas hambrientas! Comience la animación después del primer plato.
Los invitados no pueden responder con la boca llena. No les dé la impresión de que los está «acosando».
Mientras los camareros trabajan tendrá que hablar en medio del ruido y ¡del vacío! Entiéndase con ellos para no molestarse mutuamente.

Dicho de otro modo: siempre es preferible intervenir entre plato y plato.

A continuación, se presentan una serie de juegos con los que podrá elaborar el programa. Evidentemente, no se trata de un recorrido obligatorio, sino de una elección de caminos para ayudarle a componer el itinerario que desee.

Los juegos de preguntas

Los pensamientos. Invite a todos los asistentes a escribir un pensamiento divertido, respectivamente sobre las mujeres y sobre los hombres, con relación a la ceremonia (distribuya hojas de papel). Con las reflexiones divertidas que le entreguen, descubrirá a su público y podrá orientar la animación en consecuencia.
Recoja las ideas y léalas después del segundo plato. Tenga preparados lotes para el ganador y la ganadora, que serán designados con el «aplaudímetro».

El telegrama. El principio es el mismo que el del juego anterior. Pida a los asistentes que redacten un telegrama humorístico dirigido a los recién casados (las mujeres al novio y los hombres a la novia). Tendrá que ser redactado en forma de acróstico, con las letras de los nombres de los recién casados. Ejemplo: DIANA y MARCOS.

Deseo **M**i
Ideal **A**mor
Alcanzable **R**egresa
Nada **C**onmigo
Admirable **O**bediente
Siempre

Localizar el error. Invite a los asistentes a que descubran una anomalía (visible) en usted. Ejemplos: un bolsillo vuelto del revés, zapatos desparejados, un zapato desatado, etc.

El objeto escondido. Descrito anteriormente (véase capítulo «La animación en el tiempo libre», página 94).

Las estaciones del metro. También descrito anteriormente en el mismo capítulo (véase página 95). Adapte el juego a cada celebración.

El poema improvisado. Este juego también se ha presentado en el capítulo «La animación en el tiempo libre» (página 100). Solicite ayuda con las rimas a los invitados, y lea el poema creado en los postres. El juego de los pensamientos le indicará qué tono puede dar a su poema.

Los quesos. El principio de este juego es el mismo que el de los vinos (capítulo «La animación en el tiempo libre», página 96). Pida a los asistentes que le citen los nombres de quesos por su denominación de origen (no por marcas comerciales). El último nombre citado que no se repita después de un tiempo cronometrado, determina el ganador del juego.

El cuerpo en argot. Pida los nombres de las partes del cuerpo en argot coloquial, desde la cabeza hasta los pies. Ejemplos: «melón» por cabeza, «pezuña» por mano, «jamones» por muslos.
Juego cronometrado que puede hacer que el ganador consiga... ¡un juego de huesos!

Los juegos de interior

Los infladores. Haga que salgan cinco hombres con sus sillas al escenario, cerca de donde tiene usted el podio. Dé a cada uno de ellos un inflador de colchones de goma y dos o tres globos (preferentemente de los alargados). Pídales que se sienten en el inflador (esto siempre sorprende), dejando que el tubo pase por entre sus piernas, con el espacio suficiente para que quepa el primer globo.

A una señal, con el mismo movimiento que los jinetes sobre sus monturas, tendrán que inflar los globos... a golpe de nalgas. Por supuesto, tienen que hacer que exploten.

El premio se lo llevará el más rápido.

Este divertido y espectacular juego, que tiene que ser presentado dando todos los detalles y comentado con el micrófono para todos los asistentes (¡igual que cuando un caballo llega a la meta en el hipódromo!), siempre tiene mucho éxito. Crea un buen ambiente antes de los juegos de baile. También puede proponerlo a niños, que adoran la competición entre ellos, con un solo globo para hinchar y reventar.

¡Ocasión que no tienen que perder los fotógrafos y los aficionados a la videocámara!

Los biberones. Esta vez, pida a cinco mujeres que suban al escenario con su silla. Dígales que elijan a un hombre de la sala, que tendrá que sentarse en sus rodillas y transformarse en... ¡un bebé!

Anuncie a los asistentes que ellas darán de mamar a sus bebés. Después de cierto suspense, deles un biberón (lleno de naranjada o de champán) para que se lo den a sus compañeros. Déjeles marchar cuando lloriqueen por un juguete como un niño pequeño.

Previamente, usted habrá abierto los agujeros de las tetinas... ¡excepto de una!

Los costureros. Dé a tres hombres unos diez trozos de tela del mismo tamaño y de colores variados, y un montón de alfileres en un brazalete que se pasarán por el brazo para convertirse... en grandes costureros.

Pida a cada uno de ellos que elija a una mujer del público a la que tendrán que hacer, en 10 minutos, el modelo de vestido que elijan; cada vestido recibirá un nombre, humorístico, por supuesto. Cuando los vestidos ya estén elaborados, pida a las tres modelos que desfilen, con música, para designar con el «aplaudímetro» al equipo ganador.

Las creaciones suelen ser sorprendentes, para sorpresa de los espectadores y del objetivo de las cámaras. ¡Que no se olviden ningún alfiler al quitarse el vestido!

Las servilletas entrelazadas. Este juego ha sido presentado en el capítulo «La animación en el tiempo libre» (página 97).
También funciona muy bien en las bodas.

Las servilletas mágicas. Es un juego ideal para el final de la celebración.

Pida a los invitados que se levanten y enrollen la servilleta alrededor de sus dos manos. Alargue el juego con fórmulas de ilusionista. A una señal suya, tendrán que dejar ir un extremo de la servilleta, que se convertirá en un gran pañuelo, con el que todos dirán adiós a la fiesta.

La amazona. Antes de finalizar esta lista de juegos, conviene aclarar un punto fundamental, y que en ocasiones pasa inadvertido: los aplausos.

Puede organizar juegos con los aplausos. Haga que vayan cambiando proponiendo redobles diferentes. No dude en hacer que tomen la iniciativa quienes conozcan redobles diferentes (redoble simple, redoble triple...).

Por mi parte, le sugiero un redoble muy dinámico, directamente surgido de la tradición «carabina» de los internos en medicina, y que tiene como nombre la amazona (¡se dice que proviene del ejército napoleónico!).

Para valorar la actuación de un invitado (chistes, *sketchs*, canciones), pida a los asistentes que:

— golpeen la mesa al mismo ritmo que usted con un dedo de la mano derecha, después dos, tres, cuatro y cinco, y después, uno por uno, los dedos de la mano izquierda (golpee usted el micrófono);
— añada al golpeteo el pie derecho, e inmediatamente después el izquierdo;
— por último, golpee con ambas manos en la mesa y con ambos pies en el suelo... primero la pierna derecha y después la pierna izquierda.

El juego puede durar unos 5 minutos, con comentarios divertidos que no debe dejar de hacer.

LOS JUEGOS DE BAILE

Respecto a estos juegos, son los mismos que se han descrito anteriormente en la página 153 y en el capítulo «La animación de los clubes de vacaciones», página 131. Esos juegos también son operativos en la animación de banquetes; los encontrará recogidos en el capítulo «Lista de juegos presentados».

En cuanto al baile propiamente dicho, es muy probable que se le pida que, además de animador, asuma la función de pinchadiscos. Esa doble función siempre es difícil de llevar, porque probablemente tenga dificultades para vigilar el material, elegir los discos, ponerlos, encadenarlos... y asegurarse de que se hacen los juegos de baile. Por propia experiencia, le aconsejo que le acompañe un técnico especialista, si es posible. Cuando haga una actuación remunerada, le aconsejamos que negocie bien este punto. Debe intentar convencer a quienes le contraten de que les interesa, pagando un suplemento, un pinchadiscos para todo el acto. ¡Así usted estará libre en todos sus movimientos!

Otra solución sería beneficiarse de la presencia de una orquesta; pero a consecuencia del elevado precio, sólo la hay en unas pocas celebraciones. Y ello es lamentable, porque hay pequeños grupos musicales de calidad y a un precio razonable que están dispuestos a actuar.

UNA RECOMENDACIÓN

Una animación durante una comida, del tipo que sea, no ocurre nunca sin un vacío, *es decir, sin un tiempo muerto inesperado del que no se conoce la duración... sino que a veces se eterniza (el vacío más corriente tiene lugar entre el primer y el segundo plato).*

¿Acaso una de las reglas del animador no es la de preverlo todo? Hasta lo imprevisible. Así pues, no olvide tener en reserva algunos textos humorísticos para leer al público con el fin de poder cubrir esos vacíos. Al contrario de lo que ocurre con algunos juegos y sketchs, *tienen la ventaja de poder ser interrumpidos, cuando llega, tarde pero triunfal, el segundo plato.*

En el apartado «Anexos» encontrará algunas «perlas» literarias atribuidas a los comunicadores de la Seguridad Social y de los seguros de automóvil, pero que muchos humoristas y animadores han adornado, si no inventado, a lo largo de los años... y que continúan obteniendo sonrisas de quien las escucha.

Cena de gala

Como se ha visto a lo largo de toda la obra, animar es divertir, entretener. Pero a veces también significa dirigir la ceremonia de algunos actos que, sin llegar a ser necesariamente mundanos, exigen el respeto de un protocolo específico.

Sin esta dirección, muchas recepciones (tanto si se trata de cenas como de conciertos, conferencias, acontecimientos o fiestas diversas) podrían perder no sólo su relieve, o su estética, sino incluso su significado profundo en un plano simbólico.

Principalmente, se trata de una serie de valiosos valores que la vida asociativa se esfuerza en mantener. Puede tratarse de humanismo y libertad en una organización (Médicos sin Fronteras, Médicos del Mundo, Amnistía Internacional), de fraternidad y tolerancia en un movimiento (Cruz Roja) o de amistad y solidaridad en un club (Rotary-Club, Soroptimist, etc.).

A continuación, se muestra la función de un responsable de la organización —otra vertiente de la animación que anteriormente no se había tratado—, que es mucho más importante de lo que generalmente se piensa.

Pongámonos en situación: usted pertenece a uno de esos clubes nombrados más arriba, y acaba de ser nombrado jefe de protocolo. Así pues, tiene, a un mismo tiempo, la función de acoger y dar la bienvenida a los nuevos visitantes y el papel de *agente de relación* en el interior de ese grupo.

Cuánta gente invitada a una velada de estas características (la mayoría de origen americano o inglés) se sorprende, divertida, de los *signos* y rituales que se les dan a ver y a interpretar a lo largo de la celebración: la campana o el mazo del presidente, los banderines y las banderas en las paredes, los broches de recompensa en forma de medallas en los ojales de algunos miembros. Este decorado y estas prácticas exigen una decodificación, una explicación para ser comprensibles. Esta información es también responsabilidad suya.

Si la cena consiste en una ceremonia de traspaso de poderes (por ejemplo, la renovación anual de la oficina), tendrá que preparar y orquestar todo el desarrollo, mediante sus intervenciones, en el momento adecuado.

A continuación, se indican las fases tradicionales que se siguen, con más o menos detalle, en prácticamente todas las celebraciones de este estilo:

— citación nominal de los invitados;
— lectura del menú;
— llamada a los miembros del despacho;
— presentación de las insignias y de su cargo;
— canto del himno del movimiento y, eventualmente, del himno nacional;
— asistencia del presidente para otorgar las distinciones;
— entrega de flores a las esposas de los presidentes;
— distribución de regalos, etc.

Tantas tareas puntuales que, acompañadas por sus indispensables frases explicativas al público, hacen de usted el auténtico paladín de la velada.

Un público que se siente implicado, verdaderamente tomado en cuenta por el ceremonial, participa en él voluntariamente. A menudo constatará que una planificación bien llevada, apreciada y comprendida, favorece el desarrollo de la velada. Y, sobre todo, la rifa —la beneficencia obliga— que, gracias a la generosidad de los invitados, les gustará mucho; además, en ella podrá adoptar de nuevo la función de animador.

UN CONSEJO

También es posible que se le contrate para la animación total de una velada así —protocolo y parte festiva— y que no sea miembro de la organización en cuestión.

Una vez más tendrá que informarse previamente de su funcionamiento. Sería totalmente adecuado que participara en una reunión previa para «impregnarse» de sus motivaciones y aprender sus costumbres, sus códigos, su vocabulario... Así se integrará entre los miembros del club y se sentirá más a gusto cuando llegue la noche en cuestión.

No dude, insistiendo si es necesario, en pedir un ensayo del acto —y sobre todo de la secuencia protocolaria— en la misma sala unas horas antes de la celebración. Es una muy buena costumbre, a menudo sacrificada por los organizadores voluntarios, por supuesto, en razón de sus comprensibles ocupaciones profesionales.

¡Posteriormente, le agradecerán esta juiciosa precaución!

La merienda

Muchas fiestas tienen lugar por la tarde, es decir... *en función de tarde*, como dicta el lenguaje del mundo del espectáculo.

Dos manifestaciones recreativas de tarde son:

— el árbol de Navidad;
— la visita al hogar de la tercera edad.

Puede ser que se le pida animar una merienda en estos dos casos.

Árbol de Navidad

Esta fiesta tan esperada moviliza a muchos niños, a varios animadores... y a Papá Noel en el mes de diciembre, tanto en asociaciones u hospitales como en ayuntamientos o empresas.

Se desarrolla clásicamente en tres partes:

— el espectáculo;
— la distribución de juguetes;
— la merienda.

Evidentemente, su función forma parte de la primera fase, mientras se espera la llegada de Papá Noel.

Como ya se comentó en el capítulo dedicado a la animación del tiempo libre, los niños están siempre muy dispuestos a «darse al espectáculo», en este caso delante de los demás. Así pues, dé prioridad a los juegos de interior visuales. Por ejemplo, tres juegos que ya se han presentado anteriormente en animación de bodas:

Los infladores.
Los biberones.
Los costureros.

Por supuesto, reserve los juegos difíciles de preguntas para niños mayores de diez años.

El objeto escondido. Siempre tiene éxito (ya presentado anteriormente). Ese día, todas las chucherías que haya que encontrar escondidas en sus bolsillos serán bienvenidas.

La feria de zapatos. En esta época de Navidad en la que los zapatos de los niños constituyen un accesorio esencial de la fiesta, haga de ellos un objeto divertido para jugar momentáneamente. Pida a los mayores que se descalcen y pongan los zapatos en medio del espacio escénico. Mézclelos bien y, a una señal, los niños tendrán que encontrar sus bienes en el montón y calzarse. ¡Un par de cordones de colores para los tres primeros!

Evidentemente, los juegos que usted haga están condicionados por las actuaciones posteriores con payasos, prestidigitadores y el fascinante Papé Noel, del que usted será presentador, o incluso el asistente a la hora de distribuir los juguetes.

Este papel es muy importante en determinadas ocasiones; muchos niños de tres o cuatro años tienen un miedo atroz a ese buen hombre desconocido vestido de rojo. ¿Por qué esconde su rostro algodonoso bajo un gorro? ¿No parece, por su voz, venir de otro mundo? Con un traje y con una gran sonrisa —como el niño que ve a su papá todos los días—, usted parecerá mucho más tranquilizador.

Pero la función de asistente no sólo tiene ventajas.

Como anécdota, citaré una reciente sesión recreativa de fin de año, cuando actuaba ante niños del hospital del Kremlin-Bicêtre. Un exhibidor de aves de las islas, que presentaba un interesante número con soberbios voladores multicolores de un metro de envergadura, me pidió que, improvisadamente, sustituyera a su ayudante que no había podido venir.

Después de unas actuaciones impresionantes en la sala de fiestas, por encima de las cabezas de niños embelesados, los pájaros, a una orden de su maestro, se posaban en mi brazo tendido. ¡Exactamente como cazas sobre un portaaviones!

Sin embargo, mi actuación debió desagradar a uno de ellos que, en lugar de aterrizar como estaba previsto, pasó en vuelo rasante y me mordió vigorosamente el pulgar. Acabé así mi actuación, ese día de regalos, con una bonita herida en el dedo. ¡Gajes del oficio!

Visita a un hogar de la tercera edad

Muchos movimientos y clubes sociales, como los citados anteriormente, realizan acciones llamadas *de acercamiento*, con una discreción que les honra, en hogares de la tercera edad de su zona de actuación.

Precisamente, cerca de aquellas personas que, antes que nada, necesitan calor humano para existir. La luz no procede únicamente de los proyectores de la sala. También brilla en los ojos de nuestros ancianos.

Tengo el placer de ir varias veces al año a estas asociaciones en compañía de diversos movimientos asociativos, y siempre encontramos bondad, ternura, incluso admiración.

Hay que valorar alrededor de las mesas esa alegría silenciosa de los ancianos a nuestra llegada, con nuestros regalos, nuestras caricias… y nuestro equipo de sonido portátil que anuncia fiesta.

Hay que sentir toda la afectividad de esas manos que cogen las nuestras, escuchar esas felices voces que nos ofrecen un regalo, por su parte, ya sea un recuerdo de juventud o una reflexión llena de sentido y buen humor. La curiosidad suele ser grande desde nuestra llegada.

¿Qué estilo de animación se puede proponer para responder a esa espera? Contrariamente a algunas ideas recibidas, los jubilados de los hogares de la tercera edad no pierden con la edad el sentido del juego, ni el de la competición.

Esto permite organizar antes de la merienda, y con la complicidad siempre eficaz y sin reserva del personal del centro, espectáculos diversos:

— juegos de damas;
— juegos de dominó;
— lotería (que hay que animar con un poco de suspense, como ocurre con la rifa);
— rifa.

Esta última puede hacerse, obviamente, con números; pero también con cartas de jugar. Exactamente igual que con los talonarios de números, basta con dar a cada jubilado una carta, de la que tenemos otra copia para sacar en la rifa.

¿Qué lotes ofrecer? Les gustan mucho las colonias, los pañuelos, los pañuelos para el cuello, los bolígrafos, los marcos para fotografías, etc. La diversidad de objetos que pueden agradar es muy grande.

Lo que es más placentero todavía para todos es el intercambio, la convivencia, el momento vivido juntos. Una moda feliz que, esperemos, durará, trae actualmente a nuestros labios canciones antiguas.

¡Cuántas canciones de época saben cantar de memoria la gente de la tercera edad!

Porque en este caso, nadie lo duda, la canción, que todo el mundo se sabe de memoria, también forma parte de la animación. Es un acordeón milagrosamente surgido en una habitación; es, más modestamente, una armónica que siempre está en el bolsillo y que surge cuando llegan los animadores. Pero la fiesta también es ese antiguo profesor de música que se sienta al piano y crea con nosotros un coro alrededor de él para entonar sus canciones favoritas. Y es, por último, ese paso de baile que se atreve a hacer una pareja bajo una lluvia de aplausos. ¡Y con esto se demuestra que las piernas, como la cabeza, funcionan aún a la perfección!

En resumidas cuentas, tales celebraciones ofrecen una amplia gama de momentos simpáticos y emotivos, que no nos hacen lamentar haber elegido el camino de la animación para comunicarnos con los demás.

IMPORTANTE

El baile es la expresión misma de la fiesta y la alegría.
La fiesta también es una cosa seria: ¡vele por la seguridad!
La orquesta es su compañero. Preséntese a todos los músicos y ensaye conjuntamente con ellos los juegos.
Presente siempre a los instrumentistas y a los cantantes al público.
Cree ambiente para llenar la pista.
La gente está en una fiesta para bailar. Realice intervenciones cortas y procure que los juegos de interior no rompan el ambiente.
Presente juegos bailados espectaculares, pero que no puedan dar lugar a equívocos.
Valorice las atracciones: acuerde con los responsables de los grupos o con los artistas el texto de presentación.
La rifa es un espectáculo. ¡Anímela! Pero cuidado: si es corta, divertirá; si es larga, aburrirá.
La presentación de moda exige un lenguaje... aterciopelado y elegante. Utilice fichas con un texto preparado para cada modelo.
En una boda, las familias no se conocen. Usted debe crear una unidad.
Presente los juegos y los sketches *entre plato y plato.*
Si es posible, confíe la música de baile a un pinchadiscos profesional.
El éxito de una velada depende también del respeto del protocolo.
Con un árbol de Navidad, presente sólo juegos visuales.
Papá Noel impresiona a los niños pequeños. Prepare su llegada.
A un hogar de ancianos, además de regalos, usted llevará alegría y vida. «Si en la mirada de los jóvenes vemos la llama, en la mirada de los ancianos vemos la luz» (Victor Hugo).

La animación mediática

Recuerdo que cuando aún llevaba pantalones cortos entraba precipitadamente en casa, de regreso del colegio, para estirarme sobre la alfombra, delante de la radio, y hacer girar sus grandes botones en busca de mi emisora preferida.

Aquel aparato de radio era una especie de gran mueble de madera barnizada, cuya fachada calada me permitía ver, por las ranuras, las luces que brillaban en el interior. ¡Y percibir un olor de caucho quemado cuando funcionaba durante mucho rato!

Con la oreja pegada al altavoz, me habría gustado instalarme dentro de ese aparato para vivir mejor y desde primera línea mis programas favoritos. Y también para hablar por ese micrófono, que estaba tan cerca, para convertirme en locutor o presentador.

Ya acariciaba ese sueño. Entre una canción de Bourvil y el acordeón de Yvette Horner, entre las tribulaciones diarias de la familia Duraton y el *Misterio de la habitación amarilla*, una angustiosa serie policíaca, me veía a mí mismo sobre una motocicleta, ¡comentando las etapas del Tour de Francia!

En aquella época no había imágenes a través de la televisión. Yo tenía mi propio cine montado en mi cabeza, y me imaginaba, a mi gusto, las retransmisiones chirriantes de las películas y de las distintas competiciones deportivas.

Después, la radio se convirtió en una cajita portátil llamada transistor. Y apareció la televisión, por fin, con las primeras grandes emisiones en blanco y negro. Gracias a la magia de las ondas, la distracción a distancia se nos servía a domicilio.

Estas dos hadas, la radio y la televisión, con sus actores, están mucho más instaladas en nuestros corazones de lo que pensamos: con sonidos e imágenes que siguen el ritmo de nuestro tiempo desde la infancia; con sueños que, seguramente, querríamos que fueran realidad... Por consiguiente, quizás usted se esté preguntando, como yo en los años cincuenta, cómo puede convertirse en un animador o periodista radiofónico o televisivo. ¡Lea las páginas que vienen a continuación, le serán de gran ayuda!

La radio

Un baúl de sueños

Hace algunos años, en la época en que Jean-Pierre Foucault era animador en Europa 1, presentamos juntos en el teatro de la Mutualidad un espectáculo de variedades, retransmitido por esa emisora de radio.

Antes del espectáculo, durante el ensayo, nos surgieron muchas dudas porque sabíamos que el público estaría compuesto esencialmente por jóvenes estudiantes invidentes.

¿Cómo describirles los ambientes, los artistas, los movimientos de cada uno de ellos? Se trataba de varios números visuales de *music-hall*. ¿Habría que añadir comentarios previos y, para algunos, paralelos a la actuación? ¿Teníamos que evitar el uso de palabras que evocaran la vista y los colores?

Finalmente, decidimos no cambiar ninguno de nuestros hábitos. Es decir, decidimos presentar el espectáculo sin precauciones particulares y sin «subtítulos».

¡Decidimos actuar con naturalidad, ante espectadores que también actuaban así!

Era lo mejor. Durante el espectáculo, cuanto más avanzábamos en el programa, más notábamos la participación de los asistentes y lo bien que reaccionaban. Como en cualquier sala llena de entusiasmo, había rostros alegres, risas, gritos y cálidos aplausos.

Permanecimos mucho rato después del espectáculo hablando con un grupo de estudiantes que estaban encantados. Una joven invidente a quien pregunté, un poco nervioso, sus impresiones de la velada, me respondió aproximadamente con estas palabras: «¡Me ha gustado mucho! Ya sabe, para nosotros, los ciegos, un espectáculo como este es, al fin y al cabo, como una emisión de radio, ¡y además con el ambiente de la sala! Nos basta, como a ustedes cerca de su receptor, con imaginar a los artistas que oímos para verlos moverse…».

Sigo teniendo en mi memoria la justa comparación de esta joven: la radio, por definición organizada en torno al sonido que emite, nos pone frente a ella en términos de igualdad. Todos podemos escucharla con los ojos cerrados. Podemos imaginarnos a la persona que habla desde las ondas. Por tanto, nos toca a nosotros parafrasear el eslogan de un fabricante de coches, fabricar la vida y las imágenes, que es lo que inspira el discurso del locutor.

Aun cuando el término puede parecer impropio, ¿acaso no se suele hablar de *espectáculo radiofónico*? Cabe decir que a raíz de la instauración de un nuevo tono, lleno de imágenes, más atractivo, de hecho «conversacional», que supieron darle muy bien los animadores de los años sesenta, la radio ha llevado a cabo su auténtica revolución y ha conseguido mantener un amplio número de oyentes. Sin embargo, la llegada de la televisión y la multiplicación de las emisoras habrían podido desbancarla, pero no fue así en absoluto, ni lo es actualmente, ya que la radio está más viva que nunca.

Al permitir el intercambio que caracteriza a la auténtica comunicación, la radio se dirige tanto a nuestros oídos como a nuestras bocas, y, por eso mismo, y mucho más que antes, a nuestro razonamiento y a nuestra sensibilidad. En la actualidad, todo el mundo puede hablar por la radio, es suficiente con disponer de un teléfono. Con el paso del tiempo... y a través del teléfono, el oyente pasivo se ha convertido en un oyente activo.

En los primeros años del tercer milenio, los animadores se han ido renovando y se van sucediendo, aunque los más conocidos tienen carreras profesionales —tanto radiofónicas como televisivas— muy largas. Las cadenas añaden nuevos eslabones a su historia, una historia de hombres, mujeres y avances técnicos y tecnológicos, en la que hay que esforzarse mucho si se quiere realmente captar la magia de las ondas.

Actualmente, la gran mayoría de animadores de radio han optado por intentar transmitir su alegría y sus ganas de vivir a través de las ondas, y todo para hacer feliz al oyente. Pero, ¿cómo lo hacen? El secreto está en apelar constantemente a la imaginación del oyente. ¡Y bien que funciona!

Robert Willar, reconocido animador radiofónico, no dejaba de recordar a sus alumnos de su curso de *expresión radiofónica*, al que tuve ocasión de asistir, una serie de buenos consejos que todo animador radiofónico debe practicar:

— añadid una sonrisa a la voz;
— haced que vuestra emoción se trasmita por el micrófono;
— no leáis vuestros textos, ¡interpretadlos!;
— encontrad vuestro tono personal;
— haced que los oyentes sueñen.

Estas reflexiones, procedentes de un gran profesional de la radio, no han envejecido en absoluto, hoy en día siguen siendo las bases para cualquier buen locutor radiofónico.

En el cuarto de baño, haciendo las tareas del hogar, o conduciendo, automáticamente transformamos en imágenes las emisiones radiofónicas, que se convierten en televisivas al ser «proyectadas» en nuestra pantalla mental.

Y qué le pedimos a nuestro receptor, entre noticias a veces excesivamente dramáticas, sino que nos distraiga, que nos sorprenda, que nos haga reír. En definitiva, que nos permita evadirnos de la vida cotidiana y de la rutina.

Y la radio sigue siendo, todavía hoy y siempre, un valioso baúl de sueños.

Hablar a través de las ondas

Ya lo tiene decidido. Las anteriores líneas le han ayudado a tomar una decisión: usted quiere convertirse en locutor de radio.

Aunque, sobre todo por razones de seguridad, existe un título de animador de centros de vacaciones (ya comentado anteriormente), hay que saber que no hay ningún título oficial de animador audiovisual —como puede existir un certificado profesional de peluquera o de electricista— que permita solicitar un empleo directamente, tras los estudios y con el papel en el bolsillo, en las emisoras de radio. Si bien, como ocurre con cualquier demanda de empleo, se pide el currículum vítae y una fotografía, estos documentos deben ir acompañados por prácticas —realizadas óptimamente— en sectores de actividades periféricas.

Esto significa que antes de sentarse en un estudio, ponerse unos auriculares en los oídos, dar la señal al técnico para que envíe el indicativo de emisión y saludar alegremente a los oyentes en el micrófono, es conveniente, igual que han hecho los más grandes profesionales del sector, adquirir un bagaje y ganarse las galones en el puesto de trabajo. En cierto modo, empezar de cero.

Así que, no lo dude, todas las formas de animación que se han abordado en las páginas anteriores —sin ejercicio obligatorio de cada una de ellas— podrían, si las practica más o menos tiempo, abrirle las puertas de alguna emisora de alcance nacional…y de muchas emisoras locales.

Repasemos estas disciplinas por orden.

La animación comercial

Se ha convertido en un oficio. *Promocionar* productos en un gran almacén o en un supermercado, animar una quincena comercial o un puesto en una feria-exposición también le permiten «hacer» currículum. No dude en preguntar a los responsables el nombre de sus agencias de comunicación para presentarles sus servicios. También podría ser que se le proponga, como me ocurrió a mí, grabar anuncios comerciales. La radio está al final del camino. ¡Es un buen principio!

La animación de empresa

Aprender a dirigir una reunión, acompañar a los comerciales sobre el terreno, participar en la realización de un vídeo de la compañía... todo ello implica formarse para siempre en el trabajo en equipo. Si, además, tiene la oportunidad de pasar por un departamento de comunicación (resumen de prensa, boletín de la empresa, información por teléfono) estará, después de una experiencia de escritura y creación, abriéndose las puertas a todos los medios.

La animación de tiempo libre

El mundo del ocio es, por definición, el de los diálogos y la innovación. Tanto si trabaja puntualmente en cruceros fluviales o en rutas en autocar, a través de agencias de viaje, como si organiza excursiones o kermeses para los ayuntamientos, todos estos actos agudizarán y potenciarán su creatividad. La misma que le será exigida para concebir, algún día, un programa de radio y presentarlo en antena.

La animación de clubes de vacaciones

Los campamentos de vacaciones son una de las mejores escuelas, tanto para formarle en el uso del micrófono como para acercarlo a todos los aspectos de la animación, desde el juego hasta el montaje de actos. El Club Med, entre otros, es un gran descubridor de talentos. No renunciará a probar el suyo y a darle la posibilidad de mostrarlo en uno o varios sitios. Este paso constituirá una sólida referencia para ir a buscar trabajo a alguna de las emisoras más conocidas.

La animación deportiva

¿Es necesario decir que el deporte de *amateurs* también representa una buena escuela cuando uno tiene un micrófono en la mano? Organización, observación, precisión, rigor... las cualidades que utilizará y adquirirá son múltiples. La animación deportiva también se abre al periodismo profesional y, en consecuencia, a otro oficio de antena si le gusta. Y usted mismo puede calibrar el importante papel que desempeña hoy en día el deporte en las ondas.

La animación de espectáculos

Con la animación de bailes y banquetes, tal y como se vio en el capítulo anterior, aparece la fiesta, la risa, el humor y la representación. Por tanto, se está a las puertas de los medios de comunicación. En este caso sí que conviene hablar de un paso obligado. Este tipo de actos son el lugar de todos los encuentros y de todos los intercambios: directores de hotel, directores de orquesta, artistas y agentes de las diferentes disciplinas artísticas, que se fijarán en usted y gracias a los cuales obtendrá nuevos contactos.

Qué nos demuestra este *flash-back*, sino que el animador tiene que ser un hombre completo y la animadora una mujer completa, en el sentido de la riqueza de sus diversas experiencias, si pretenden abordar los medios de comunicación.

El lector de publicidad de los años setenta, *anunciante* de discos y valedor de artistas comerciales, ha evolucionado hacia la animación completa, total. Paralelamente, un nuevo tipo de presentador de programas se ha asentado: el *animador-creador*. Cerca de su realizador y rodeado por un equipo, suele ser el creador del programa, escribe él mismo sus textos e invita a las personalidades que él elige.

Este personaje es ahora un compañero muy implicado, cuyo papel ya no se limita a la interpretación de mensajes publicitarios y que ocupa un gran lugar en la estructura de la emisión. Así pues, el animador de radio actual puede ser también, de hecho, un humorista, un imitador, un clarinetista o un médico, por poner algunos ejemplos. ¡El saber no ocupa lugar!

¿Cómo trazarse el camino en este universo mediático y, si realmente se desea, convertirse en una estrella entre las estrellas? Evidentemente, no existe un itinerario estándar, sino rutas individuales que hay que abrir, y pasos que hay que atreverse a dar.

A la práctica de las animaciones citadas anteriormente, también se pueden añadir otras:

La animación de discotecas. Es un excelente entrenamiento para la radio. No se limite a realizarla en su casa, con sus amigos y con sus dos platinas. Pida a un pinchadiscos que le acoja en su discoteca para observarle… y fijarse en sus trucos. Quizá se apasione usted por este oficio, hasta el punto de convertirse algún día, o mejor dicho alguna noche, en un *deejay* (como suele decirse en el argot) de uno de esos templos de la música.

Esos descubridores de discos, que saben llenar las horas de las pistas de baile, también suelen ser animadores de las emisoras de radio locales.

Las diferentes escuelas de formación de los profesionales de la animación. Las propias emisoras de radio le indicarán cuáles son las más fiables. Vaya con la mayor frecuencia posible a las emisoras abiertas al público e interrogue en directo a los animadores y las animadoras después de su trabajo. Podrán darle buenos consejos.

Las escuelas de periodismo.

Las emisoras locales. Dos posibilidades: las emisoras privadas (que constituyen una excelente escuela) y las emisoras públicas. Pida las direcciones de las emisoras locales y visite las de su ciudad. No olvide llevar una grabación de su voz (un máximo de 15 minutos): lectura de una serie de mensajes publicitarios, entrevistas realizadas por la calle, maqueta de emisión, etc.

El animador, que por trabajo se forma delante del público, suele estar en la radio… privado de público. Esta ausencia contraria a veces las carreras laborales. Muchos candidatos no soportan ese vacío detrás del micrófono y regresan rápidamente a la animación en supermercados o en cenas-espectáculo.

De hecho, no es más que una casualidad que muchos programas de radio estén ahora abiertos al público para dinamizar a los animadores y crear un ambiente de espectáculo en el estudio. Las risas y los aplausos de los espectadores —que ya no son grabaciones— favorecen el disfrute de los oyentes.

> **UN CONSEJO**
>
> *Usted mismo podría experimentar un sentimiento de aislamiento al iniciarse en una emisora local, solo en una mesa y entre las cuatro paredes insonorizadas del estudio. No se deprima, tiene a dos seguidores ahí, muy cerca de usted.*
>
> *Le bastará con observar a través del vidrio de la cabina técnica la mirada de su realizador y la de su técnico. ¡El público está dentro! Es usted quien, mediante sus frases a través del micrófono, debe hacer que su mirada brille y que su aspecto sea alegre.*

La televisión

Espectáculo a domicilio

La mayoría de consejos e ideas que se han ofrecido para la radio se pueden aplicar también a la televisión; pero esta ya no es el mismo baúl de sueños que la radio, ya que el sonido va acompañado por una serie de imágenes. Y a qué ritmo.

Sin embargo, y a pesar de su fuerte poder atrayente, la televisión no ha destronado a la radio, ni mucho menos. Actualmente se trata de dos medios perfectamente complementarios. ¿Acaso no son a menudo los mismos animadores en ambos medios?

Por lo demás, y a merced de sus actuaciones, en algunos casos no queda claro si se trata de animación o de periodismo. La frontera es cada vez más estrecha entre ambas funciones, como ya se ha apuntado, y una nueva clase de animadores está apareciendo: el animador-periodista... o el periodista-animador, según se mire.

Una característica común que suelen tener prácticamente todos los animadores-presentadores de televisión, y que se está convirtiendo en una norma a seguir por todos, consiste en emplear un estilo cómplice y tranquilizador con el espectador. Un tono similar al de una conversación amistosa en la radio. De esta forma, la relación y, por tanto, la unión con el público está prácticamente garantizada. El presentador se convierte en uno más de la familia, como si estuviera realizando el programa en el propio salón de casa.

Con los técnicos con cascos y febriles circulando por todos lados, un plató de televisión parece, de entrada, muy impresionante; incluso hostil, con sus bosques de proyectores que dejan ciego, su tablón de monitores de control multicolores y sus cámaras paseándose que se fijan en uno, ¡como el ojo de un cíclope! Por no hablar de lo invisible. Lo que no se ve, pero se siente, como en la radio: la presencia de cientos de miles de personas delante del aparato. Todo ello puede convertir el plató en un lugar estresante y difícil para trabajar.

Pues bien, los buenos presentadores demuestran, y es importante recordarlo siempre, que la técnica del entorno puede olvidarse con facilidad. Todo oficio tiene sus propias herramientas. En este caso, estas no obstaculizan en nada las actuaciones, ni siquiera las más extravagantes, del animador-presentador. Las cámaras están ahí... ¡mucho mejor! Ellas le permiten, a la derecha, a la izquierda, en las esquinas, cuando la lámpara roja se ilumina, guiñar el ojo a todos los espectadores, como si realmente estuviera sobre un escenario.

¿Qué itinerario debe seguir un animador de televisión? Tampoco aquí, como sucede en la radio, existe un certificado de aptitudes que permita presentarse ante las cámaras y animar un programa.

Muchos profesionales de la televisión proceden del periodismo, y otros de la radio, sobre todo de las emisoras independientes. Más o menos, todos han tenido pequeños empleos y ascendido uno a uno todos los escalones del oficio. Prácticamente todos pueden decir: escuchar y mirar incansablemente a quienes saben y ser muy curioso en el entorno es la mejor manera de aprender.

Sin generalizar, y después de examinar los recorridos individuales, parece que el papel para algunos periodistas y el sonido para otros pueden conducir hasta la televisión, hasta la imagen. El paso suele ser de la radio a la televisión, pero no tanto a la inversa.

Sea como fuere, ambos medios exigen a sus futuros presentadores que se formen trabajando y que aprovechen todas las ocasiones que tengan para hacer ejercicios verbales. Todas las formas de animación ya comentadas son también aconsejables si se tiene la intención de llegar a la televisión, tanto para sentirse cómodo como para mejorar la expresión oral y corporal.

«Hacer» televisión

¿Quiere probar suerte en la televisión?

Empiece... por el principio.

Para trabajar la voz, utilice un magnetófono. Para descubrir una imagen, tendrá que mostrarse a la cámara. La videocámara, de la que ya se ha hablado en animación deportiva, de fácil manejo, se utiliza ahora tanto como la cámara fotográfica en las reuniones familiares. Permite conocerse mejor, aceptar el propio cuerpo y la propia voz… y darse cuenta de las eventuales actitudes que convenga corregir.

Invite a algún conocido a que le grabe, y analice con él la proyección en un televisor, realizando paradas en algunas imágenes y siempre que sea necesario.

Con estas experiencias, y el retrato aceptado de usted mismo en la mente, ya está preparado para partir en busca de interlocutores válidos.

Estas son cuatro posibles opciones que usted puede escoger:

— la producción audiovisual;
— las cadenas de televisión;
— la meteorología;
— los estudios de grabación.

La producción audiovisual

Las cadenas de televisión encargan muchos programas, sobre todo lúdicos, a compañías de producción que se los dan ya preparados.

Entre en contacto con ellas, pídales una cita. En función del itinerario que usted haya seguido, quizás le inviten a hacer un test en vídeo en sus estudios.

Las cadenas de televisión

Puede escribir una carta de solicitud de empleo y enviarla, junto con el currículum vítae y una fotografía en color, a las cadenas públicas, privadas o por cable, pero siempre es mejor que se presente personalmente.

Le dirigirán y llamará a la puerta de una persona que le aconsejará y le recomendará otra, que quizá será la buena. No se desanime, los más grandes también pasaron por esto.

La meteorología

Puede llegar a la televisión por esta vía, como han hecho muchos jóvenes animadores y animadoras actualmente.

En estos últimos años, y probablemente por influencia de los Estados Unidos, el espacio televisivo del tiempo, que antiguamente duraba unos pocos minutos —los necesarios y justos para hacer una predicción del tiempo meteorológico—, se está convirtiendo en un auténtico espacio televisivo totalmente independiente de los noticiarios (de los que dependían en un primer momento) y con una duración más o menos extensa.

Cierta formación y conocimientos meteorológicos son necesarios, evidentemente, para animar este tipo de programas, pero también puede convertirse en un trampolín para programas futuros y bien diferentes.

Infórmese sobre los departamentos de meteorología nacionales si desea anunciar en antena la lluvia y el buen tiempo.

Los estudios de grabación

¿Quiere «hacer» televisión? ¡Vaya a los platós!
Los mejores modos de acercarse al mundo de la televisión son:

— inscribirse como candidato a juegos y concursos (igual que en la radio, existen competiciones de animadores);
— pedir invitaciones para asistir a la grabación de los grandes programas de variedades.

Estos programas pueden, por supuesto, cambiar de nombre o de animador... o incluso desaparecer. Pero usted debe proseguir su camino y, como suele decirse, deambular por los platós cerca de los profesionales.

Hágalo para dejarse ver, pero también para iniciar alguna conversación, dar un apretón de manos, conseguir una dirección, un teléfono, una cita...

Tener éxito... en tres letras

Como ya debe haber comprendido, para estar en el otro lado del televisor hace falta buscar el contacto con otros profesionales del medio. Se le proponen tres palabras clave que deberá memorizar y llevar a cabo siempre que pueda: *encuentro, audacia* y *descaro* (pues sí, de esto último también hay que tener...).

En tres letras, EAD, ¡que podrían ser las siglas de una emisora! Para ilustrarlas, evocaré el recorrido de tres grandes profesionales, tres amigos que tuve la suerte de conocer desde sus inicios.

E DE *ENCUENTRO*

Bob Quibel, compositor y violonchelista —amigo desde hace mucho tiempo—, dirigía en los años sesenta un pequeño grupo musical en Normandía, al tiempo que enseñaba inglés. Por aquella época, se encontró con Jacques Martin —animador radiofónico y televisivo—, se convirtió en uno de sus acompañantes y, más tarde, en su director de orquesta. Una complicidad que, en televisión, los llevó a realizar una serie de programas durante muchos años.

A DE *AUDACIA*

Jacques Mailhot quería seguir los pasos de humoristas anteriores a él y de su compadre Maurice Horgues. Antes de poder conquistar los medios de comunicación, surcó todas las noches y durante varios años la región parisina, por cabarés y cenas-espectáculo, para agudizar su inspiración y hacerse notar pacientemente. Con una elegancia verbal completamente personal, hoy en día sobresale en Francia tanto en televisión como en radio.

D DE *DESCARO*

En la escuela de la voz de Robert Willar, Philippe Gassot dudaba entre la animación y el periodismo. Acabó eligiendo la segunda opción, e inmediatamente realizó dos hazañas para imponerse: primero, consiguió un encuentro con Coco Chanel que, como todos los del oficio saben, no concedía nunca ninguna entrevista; y, después, con el magnetófono en bandolera, consiguió subir al buque *France* en Havre para entrevistar a los sindicalistas que lo ocupaban y que no dejaban entrar a nadie.

Actualmente, Philippe Gassot es corresponsal de la cadena televisiva France 2 en los Estados Unidos.

Tres amigos en mi camino. Tres profesionales que se parecen, tanto en su voluntad de hacer bien las cosas como en la de alcanzar sus objetivos.

La vieja amistad que me une a Bob Quibel me ha permitido preguntarle su punto de vista sobre la función de animador en televisión, que conoce muy bien por haberla observado durante muchos años desde su puesto de director de orquesta. Por tanto, y al mismo tiempo, yo no podía dejar de preguntarle, como testigo permanente que ha sido, sobre el «fenómeno Martin».

Jacques Martin —animador de referencia— ha llenado y encantado una misma sala y a miles de familias que estaban delante del televisor todos los domingos, ofreciéndoles variedades bien montadas a lo largo de muchísimos años. ¿Tiene algún secreto su éxito? Quién mejor que su compañero de camino, Bob Quibel, para respondernos. Le dejo la palabra para concluir, de la mejor manera que se podría concluir, este capítulo:

> «En nuestro mundo de comunicación triunfadora, la función clave del animador —"el donante de almas"— es evidente.
>
> »Al hacer estallar la imagen del presentador de antes, ahora él es el organizador de un espectáculo o de un debate a los que aporta unidad y ritmo. Cristaliza la unión entre el hombre en escena y el hombre en la sala, entre el que ve y el que es visto. En resumen, es el actor-espectador por excelencia.
>
> »En el seno del audiovisual, pues, el animador se encuentra confrontado a dos desafíos enormes. El primero lo constituye el amplio número de oyentes/telespectadores. Un solo punto de los niveles de audiencia representa a miles de personas, es decir, a unas mil salas medianas de espectáculos.
>
> »El segundo guarda relación con la ausencia física de ese público. Por esta razón es importante que los espectadores lejanos puedan "encarnarse", de algún modo, en un público vivo presente en el plató (o en un estudio en el que se grabe el programa).
>
> »El éxito de la comunicación mediática depende, entonces, esencialmente del carisma personal del animador, de su cultura, de su aptitud de no olvidar a nadie en el camino: sin duda, por este motivo los autodidactos son los mejores en esto. Más sensitivos, "están a la escucha" de todos los espectadores, independientemente de sus gustos.
>
> »En lo que respecta a Jacques Martin, de quien fui ayudante y al que observé durante más de treinta años, creo que la perennidad de su éxito se debe ampliamente a su proximidad con el público. Evidentemente, un animador no puede tener éxito si no le gusta la gente.
>
> »Esta simpatía y este afecto lo perciben los abuelos, los padres y los niños en el escenario, en el estudio, o delante de la televisión… en una época en la que precisamente está de moda no mostrar las emociones. El resultado está ahí para Jacques Martin, y es preferible a cualquier otro comen-

tario: ha gozado de una amplia audiencia, cuya fidelidad no se ha visto en absoluto desmentida a lo largo de décadas.

»¡Si ha atravesado el tiempo en la pequeña pantalla, ciertamente también es porque ha sabido analizar los desafíos que he citado y responder a ellos con una sorprendente perspicacia!».

BOB QUIBEL

IMPORTANTE

Todas las formas de animación sirven de preparación para la radio y la televisión.
Infórmese bien acerca de la fiabilidad de las escuelas de formación.
Las emisoras locales son también muy enriquecedoras.
La animación de discotecas es un entrenamiento excelente.
La radio solicita imaginación permanentemente. Tiene que hacer soñar a los oyentes.
En la radio tiene que aportar, aún más, una sonrisa a su voz. Hable de forma natural, con un tono de conversación.
El público está en la mirada del realizador.
Deje que sus emociones se perciban. Sus preocupaciones, no.
El oyente ya no es pasivo, es «radio… activo».
Permítale expresarse. Llama para eso.
En televisión, como en la radio, acepte su propia voz y su propio cuerpo.
En un plató, olvídese del material que hay a su alrededor.
Visite las compañías de producción audiovisuales.
Piense en las televisiones locales.
La meteorología es un oficio con futuro.
Frecuente los estudios de grabación.
Sea perseverante.
Atrévase a innovar.
Vaya al encuentro de los profesionales.
«El azar no existe, sólo existen las citas», Paul Léautaud.

Conclusión

Un coche no puede arrancar sin poner la llave en el contacto. Sin la chispa que suelta el motor.

Según esa imagen, animar es establecer el contacto humano y convertirse en el elemento motor de un público.

Con el control del momento, el sentido de la réplica, la agudeza, la fórmula contundente y la palabra exacta que hace reír, entre otros recursos, que dependen de cada uno, se gana y se mantiene un público.

Pero también con la mirada que individualiza la frase, el oído que escucha mejor de lo que oye, la mano que designa, valoriza y conduce.

Porque el animador se dirige al mismo tiempo a todo el mundo y a todas las personas individualmente.

A lo largo de esta obra, se han podido comprobar las cualidades necesarias para convertirse en un buen *director en movimiento,* que tiene que ser todo animador. Cualidades innatas en algunos casos, pero que pueden adquirirse perfectamente, como ha quedado patente con los ejemplos expuestos.

Antiguamente, el animador se relacionaba, en el sentido más peyorativo posible, con la gran familia de titiriteros y saltimbanquis; actualmente, en cambio, el animador es, sin usar lentejuelas ni rimas fáciles, un mediador reconocido y aceptado.

¿Acaso no es único y múltiple al mismo tiempo? Conciliador, cálido, generoso, así como también organizador, observador, creador permanente... este testigo instintivo de su tiempo se dirige a las personas porque las ama.

Con la animación ocurre como con todos los grandes encuentros: al principio, la idea de animar surge y se instala en uno mismo; después, se impone hasta provocar las ganas de actuar.

Ante todo, es un asunto del corazón.

Y, con el contacto continuado con el público, ¡enseguida se convierte en una historia de amor!

En un momento en el que se anuncia un retorno de los valores tradicionales y se afirma la necesidad de encontrarse con los demás; en un momento en el que es más esencial que nunca agruparse, para intercambiar y compartir, el animador, de forma natural, tiene un lugar social en la ciudad, como catalizador y, con el doble sentido del término, ¡como *hombre de palabra*!

¿*Amateur* o profesional?

Cuando se afirma que la animación es un oficio, evidentemente se hace referencia al saber hacer que exige; a la técnica y a la experiencia que aporta, a la larga, su práctica en el campo que sea.

En este sentido, aquí no se pretende contraponer las definiciones habituales de las palabras *amateur* y *profesional*, que designan en el lenguaje corriente a quien ejerce una actividad sin retribución y a quien, a la inversa, es remunerado por una actividad.

Usted puede ser contable o profesor de autoescuela durante la semana, y animar cenas con baile o celebraciones de boda el sábado por la noche, recibiendo una paga, sin ser animador profesional por ello. Y ese es el caso también de los músicos de orquestas *amateurs* y de muchos otros artistas.

Más allá del aspecto financiero, y como ya se dijo en las primeras páginas de esta obra, el vocablo *amateur* se usa en su auténtica acepción, a menudo olvidada, «quien ama», del latín *amator*. En el fondo, el profesional —quien ama a tiempo completo— sigue siendo un *amateur*, y esto siempre es positivo tenerlo presente.

Se insiste en esta noción del término *amateur*, porque la palabra también tiene, por fantasía del vocabulario, un significado peyorativo. ¿Acaso no califica también a una persona que no es competente en su trabajo, o que ejerce como un principiante —en el sentido de «no hacer bien un trabajo»?

Pero en este caso no quiere decir eso.

Así pues, usted, como animador, según sus aspiraciones y el sentido más puro de la palabra *amateur*:

— se limita a la animación voluntaria de excursiones, acontecimientos deportivos y cenas de su asociación;
— pretende mejorar la comunicación en su empresa;
— desea hacer de la animación su segundo oficio, como animador de tiempo libre o de espectáculos;

— se dedica a la animación comercial, turística o de clubes de vacaciones;
— acaricia el sueño de una carrera de animador en la radio o la televisión... ¡o ya la ha hecho!

A usted, y sólo a usted, deseo que este libro, fruto de mi experiencia y la de otros muchos compañeros que me han acompañado a lo largo de mi carrera, y que le agradezco que haya leído, le ayude en la expresión oral y corporal, le aporte ideas nuevas sobre juegos, modelos y directrices que necesita, así como los consejos técnicos y los trucos útiles de su especialidad.

Y también que le evite... la realización de errores que no hay que cometer en ningún caso.

Tenga muchas manos...

La mirada y el oído son esenciales en animación, como se ha ido explicando a lo largo de la obra, pero también son fundamentales las *manos*.

¿Acaso no son para el animador, en su relación con los demás, una herramienta primordial?

Es cierto que el futuro quizás esté escrito en sus líneas —quién sabe—, pero, además, el simbolismo mismo de sus movimientos nos da a ver, con un poco de imaginación... al animador en acción.

Observe su mano. Mire cómo vive.

No sólo le sostiene el micrófono, sino que también:

— se ofrece, se abre, exige, recibe, toma;
— sugiere, dibuja, muestra, guía, explica;
— busca y encuentra, compara y decide;
— se retira, regresa, se detiene, protege, rechaza...

¡Porque sabe decir que sí, igual que sabe decir que no, cuando es necesario!

¿No resume en ella misma, con sus movimientos y su poesía muda, las características mismas del animador?

Y para finalizar con esta poética metáfora, la mano, al igual que todo buen animador con su público, es solidaria con los demás.

Esta complementariedad no escapó al filósofo Séneca, preceptor de Nerón, hace ya unos dos mil años. Él fue quien un día, en Roma, después de una brillante victoria del emperador en los juegos del circo, pidió a la multitud de las gradas del anfiteatro que manifestara su entusiasmo batiendo las manos. De este modo, acababa de inventar los aplausos…

¡Los mismos que, sin duda, recibirá usted en todas sus futuras animaciones!

Anexos

En las páginas que siguen usted encontrará:

Una serie de ejercicios de articulación.
Un modelo de:

— argumentación de un animador comercial en unos grandes almacenes;
— argumentación de un animador comercial en un supermercado;
— discurso de un jefe de departamento en una despedida por jubilación;
— respuesta del trabajador en este mismo caso;
— discurso de fin de año del presidente general de una empresa;
— discurso de un padre durante la boda de su hija;
— presentación de un nuevo presidente de una asociación.

Una lista de juegos presentados a lo largo de todo el libro y clasificados por:

— juegos de preguntas;
— juegos de interior;
— juegos al aire libre;
— juegos de equipo;
— juegos náuticos;
— juegos de baile;
— y las respuestas a los juegos sobre los animales.

Las «perlas» de la Seguridad Social.

Las «perlas» de los seguros de automóvil.

El juego de las estaciones de metro.

Explicación de juegos al aire libre y de interior para niños.

Ejercicios de articulación

El conjunto de frases absurdas que vienen a continuación constituyen una gimnasia eficaz para el habla.

Apréndaselas de memoria y pronúncielas (primero una sola vez, y lentamente; después, varias veces seguidas, y de forma rápida).

El avance voluntario y forzado de la mandíbula inferior es extremadamente saludable para desarrollar la correcta articulación, con un lápiz vigorosamente apretado entre los dientes durante los ejercicios.

Resulta obvio decir que hay que esforzarse para hacerse entender con claridad a pesar de todos estos obstáculos.

1.er ejercicio
Conjugar: tengo que moverme, tienes que moverte, tiene que moverse, etc.

2.º ejercicio
El cielo está enladrillado,
¿quién lo desenladrillará?
El desenladrillador que lo desenladrille
buen desenladrillador será.

3.º ejercicio
Tres tristes tigres comen trigo en un trigal.

4.º ejercicio
Paco Peco, poco pico,
insultó de un modo loco a su tío Federico, que le dijo:
Poco a poco, Paco Peco, poco pico.

5.º ejercicio
El cuchillo al ajo raja;
mas no corta la baraja.
La baraja no es un ajo.
Yo la corto, no la rajo.

6.º ejercicio
La araña su tela amaña;
el gusano fruta araña,
y en una manzana reina.
La araña, en su tela, es reina.

7.º ejercicio
Sierra el serrucho, sierra la madera,
y al serrucho escucho cómo
la madera sierra.

8.º ejercicio
Tú, que me atacas y tocas,
atácame si te toca,
que yo te atacaré a ti.
Ataca a Tico y a Toco.
Yo a ti te ataco y te toco.

9.º ejercicio
Un lucio bajo un lucero,
lucía, lúcido, con su luz.
Lucero, ilumina a aquel lucio
que lúcido luzca
bajo tu luz.

10.º ejercicio
Por la noche pasa un coche
que hace ruido a troche y moche,
trasnocha que es un derroche,
y su chofer luce un broche.

11.º ejercicio
Es la mancha de mi lancha,
que es una mancha muy ancha,
una mancha que se ensancha
y más mancha aún mi lancha.

12.º ejercicio
Frota en frío la fruta,
fría fruta, no frita.
La fruta frita, irrita.
Fría, frota la fruta.

13.º ejercicio
Hilo fino en mi costura.
Si lo atino, cose dura
mi costura el hilo fino
y a coser el hilo atino.

Argumentaciones, discursos y alocuciones

A continuación, se exponen siete textos imaginarios de los que, en algunos casos, se han exagerado las características para valorizar el objetivo perseguido. Principalmente, por ejemplo, en las situaciones elegidas: la sorpresa, la seducción, el dinamismo, el reconocimiento, el cumplido, la espontaneidad, la confianza, la emoción, la ternura, la pertenencia y la solidaridad.

Puede inspirarse en ellos para elaborar sus propios discursos, aunque sin olvidar en ningún momento que un público:

— desea intervenciones habladas de corta duración (en caso contrario, disminuye su atención);
— aprecia las pinceladas humorísticas (cuando son posibles);
— «funciona» con un registro afectivo (está ávido de sensaciones);
— espera el acontecimiento (tiene continuamente necesidad de novedades);
— pide, de hecho, ser sorprendido (lo esperado... ¡es lo inesperado!).

**Argumentación de un animador comercial
en unos grandes almacenes**

¡Queridos clientes de la sección de ropa, muy buenos días!

Me tomo la libertad de pedirles unos minutos de atención para una novedad revolucionaria en lo referente a las prendas de vestir. Le interesará, señor, y a usted también, señora. Efectivamente: concierne a sus respectivos guardarropas.

Acérquense y miren bien lo que tengo en mis manos: una chaqueta de tejido Súper 400 y un pantalón del mismo tejido. Sí, he dicho Súper 400. Ustedes conocían el Súper 100, que difícilmente se arrugaba, es cierto, pero que, después de una hora en coche, por ejemplo, se quedaba todo lleno de arrugas por la espalda de la chaqueta y por la parte trasera del pantalón. Y eso no da muy buena impresión cuando se tiene una reunión de negocios o cuando se asiste a un cóctel. ¿No opinan lo mismo?

No pretendo ofenderle, señor, pero mire su pantalón. La raya ha desaparecido con la lluvia que cae hoy. Ahora voy a sorprenderlo:

observe bien esta chaqueta y este pantalón. (Por una puerta aparece otro vendedor con un barreño lleno de agua). Meto estas prendas en el agua. Miren, están completamente sumergidas... ahora las saco y las escurro ante ustedes, así, como un trapo... y ahora... y ahora, bien, adivinen la sorpresa ¡están secos! El Súper 400 es un nuevo tejido, una nueva fibra sobre la que el agua resbala, exactamente igual que sobre las plumas de un pato. Pongo ambas piezas en la percha y, ¿qué ocurre? La chaqueta y el pantalón no sólo están secos, puede tocarlos, señora, sino que no están arrugados. El pantalón, que tiene una raya de por vida, está impecable, ¡y perfectamente seco!

Sé que esta demostración puede parecer increíble. Yo mismo me quedé de piedra cuando me presentaron este tejido. Observen mi propio traje de Súper 400. Lo llevo desde esta mañana: ni una sola arruga en las mangas, nada de bolsas en las rodillas, ¡es verdaderamente extraordinario! Sí, señor, tenemos todas las tallas. Sí, señora, esta chaqueta también está en modelo de mujer. ¿El precio? Por supuesto, lo reservaba para el final: 120 euros la chaqueta y el pantalón. Y también 120 euros la falda y la chaqueta. ¡Es una oferta de lanzamiento! Nuestro vendedor se encargará de usted, señor. Los probadores están detrás de usted.

Argumentación de un animador comercial en un supermercado

¡Amigos de Carrefour, buenos días!

Me place presentarles hoy en la sección de papelería un nuevo producto de la empresa Arc-en-ciel: ¡el Feutrasec! Se lo contaré enseguida: ¡es una auténtica revolución en el campo de los instrumentos de escritura!

¿Qué es el Feutrasec?

Todas aquellas personas que utilizan una pizarra de papel —los ingleses las llaman *paper-board*—, saben que los rotuladores para estas pizarras tienen el gran defecto de desprender un olor químico fuerte y que suele ser molesto. ¡Por su inclinación de cabeza deduzco que sabe de lo que hablo, señor! Enseguida se siente obligado a abrir la ventana, lo cual no es muy agradable en invierno, ¿no?

Pues bien, ¡se acabó ese inconveniente! ¡Se acabaron los dolores de cabeza, con Feutrasec! Acérquense, señoras y señores, y compruébenlo ustedes mismos: escribo en esta pizarra, así (el animador traza unas marcas en la pizarra) y ¡no sienten ningún olor! Respiren, y denme la razón: ¡nada de molestias! Además, el Feutrasec existe en ocho colores. Disponemos incluso de un rotulador blanco, para escribir sobre papel negro o gris. Sobre todo no se vaya, señora, aún no le he dicho la segunda gran calidad de este fantástico Feutrasec.

Siguen sin notar nada, unos minutos después de usarlo, fíjense, y eso no pasa con los rotuladores clásicos. Y eso no es todo, la otra ventaja es la siguiente. Escúchenme bien: la escritura con Feutrasec se borra con un trapo, sí, han oído bien: ¡se borra exactamente igual que la tiza en una pizarra normal! Si no tiene que conservar la página escrita, pues bien, la borra así (el animador coge un trapo y borra la pizarra). Ahora ya puede volver a escribir. A continuación, basta con sacudir el trapo, porque la tinta se ha convertido en polvo.

Y ahora, la agradable sorpresa: ¡el Feutrasec se vende en cajas de ocho a un increíble precio de lanzamiento de 8 euros! Lo han oído bien: ¡8 euros, es decir, a 1 euro el rotulador! Dentro de ocho días, la caja se venderá a 15 euros.

¿Quiere una caja, señor? El vendedor le atenderá enseguida. Gracias a todos por su atención. Iniciaremos de nuevo la demostración dentro de 10 minutos.

Discurso de un jefe de departamento en una despedida por jubilación

Mi querido Jaime, fue usted mismo quien me pidió que le llamara Jaime el mismo día de su entrada en la empresa, hace treinta años —¿lo recuerda? —, una bonita mañana de primavera. Obviamente, por tanto, esta tarde no voy a llamarle señor Gómez delante de todos nuestros colegas. ¡Treinta años ya! Tengo la impresión de que fue ayer… 1974, ¡un año célebre! Sin juegos de palabras, y sin malicia, diré que su entrada fue todo un acontecimiento ¡y que su partida, esta tarde, en el 2004 es otro! ¡Que no me rejuvenece, por cierto!

Así pues, tenía usted treinta años cuando respondió a nuestro anuncio, en el que se buscaba un chofer-repartidor. Se le eligió por sus competencias técnicas, pero también, me acuerdo muy bien, por su natural distinción. Mi querido Jaime, si bien su cabello ha blanqueado, usted no ha cambiado nada: sigue teniendo esa buena presencia, esa sonrisa, esa amabilidad y, permítame que se lo diga, esa «elegancia de corazón» que le han valido el afecto de todos.

¡Cómo no apreciar a un hombre que es un auténtico «vendedor de alegría» y que sabe levantar la moral a todo el mundo entre sus idas y venidas!

Es cierto: ¡nunca le he visto volver de una entrega malhumorado o enfadado! Ningún cliente ha hecho una reclamación por culpa suya. Sé que todos le adoran, sobre todo los clientes más lejanos. También sé que su esposa, aquí presente, no está celosa, sino muy orgullosa de usted. Y puede estarlo, señora, verdaderamente, porque Jaime ha sido un trabajador excepcional.

También sé que no ha sufrido ni un solo accidente serio durante sus años de trabajo. Así pues, no puedo más que elogiarle. Además, cuando le robaron la camioneta hace dos meses cerca de aquí, delante de la tienda de un cliente, no se desanimó. Pero ese día sí que regresó molesto. Y a pie. ¡Es el único día que recuerdo haberle visto enfadado!

Así pues, a usted, por haber conducido y conducido durante tantos años, es lógico que se le conduzca en alguna ocasión. Permítame que le ofrezca, a usted y a su esposa, en nombre de la compañía, ¡un viaje a Canadá y una ruta organizada por ese país! Y ahora, basta de discursos... ¡cojamos un vaso y brindemos a la salud de ustedes dos! ¡Feliz y larga jubilación, mi querido Jaime, y también para usted, señora!

Respuesta del trabajador

Mis queridos amigos. Les tengo que decir que no estoy acostumbrado a dar discursos; no es mi trabajo... ¡y siento un pánico terrible en este momento, delante de todos! Pero al confesarles mi emoción ya me siento mejor...

Señor Martínez, me han emocionado mucho los cumplidos que acaba de hacerme. Viniendo de un jefe, me conmueven. Es cierto que estos treinta años han pasado volando y me sorprende pensar que mañana ya no vendré a trabajar. ¡Seguramente me despertaré a las 6, como cada día!

Acaba de decir usted que soy sonriente y amable: qué quiere que le diga, no es culpa mía, soy así, soy un optimista, ¡prefiero tomar las cosas por su lado positivo! Además, me he dado cuenta de que la alegría se contagia. Esta tarde, señor Martínez, debo confesar algo. Si Gloria, su secretaria, está siempre de buen humor, yo sé por qué. Todas las mañanas, antes de salir, paso a contarle un chiste, ¡y ella lo espera cada mañana! ¿Sabe? Oigo chistes de los clientes todo el día. Y también en el restaurante donde como. Así que los voy coleccionando. Es mejor que coleccionar multas, ¿no cree?

Dicho esto, diré que si he hecho bien mi trabajo es porque me ha gustado. ¡Y mucho! Es decir, que más allá de las mercancías que he transportado, lo que me ha gustado es el contacto con los clientes. Entregar productos lácteos quiere decir para mí ver a las mismas personas todos los días o cada dos días. A la fuerza, eso crea relaciones. Es como aquí: ¡formamos una gran familia y nos apreciamos! De manera natural, confiamos unos en otros y el trabajo es mucho más ameno. En todo caso, eso pienso yo.

Usted me hace pensar en que echaré de menos a todos esos clientes, como a ustedes. Seguramente iré a hacerles una visita de vez en cuando. Y también vendré aquí a saludarles, si me quieren acoger. Pero antes iré a Canadá con mi mujer, ya que me envían ustedes allí. ¡Alguien me ha traicionado en esta empresa! ¿Quién se ha chivado y ha dicho que estoy fascinado por ese país desde hace tiempo? Gracias a todos, queridos amigos, de todo corazón. Y hasta pronto, ¡si es que allí, en Québec, no nos roban el autocar!

Discurso de fin de año de un director general

Señoras y señores, como cada 31 de diciembre estamos reunidos en esta sala del Consejo para festejar juntos el fin de año. El último día de un año significa la llegada de un año nuevo cargado de nuevas ilusiones. Con estas palabras, en un día como hoy, quiero conservar la triple tradición de esta casa, instaurada por nuestro fundador, el señor Gómez, hace justamente cuarenta años.

En primer lugar quiero felicitarles muy sinceramente por el trabajo realizado durante estos doce meses en un contexto difícil. El acuerdo de colaboración que hemos establecido con la sociedad informática Ordinox significa, ciertamente, una garantía para nuestra buena salud financiera, pero también ha comportado esfuerzos por parte de todos para llevar a cabo esta adaptación. Permítanme dar la bienvenida a los colaboradores que se incorporan procedentes de esta empresa, y que están aquí esta noche. Nunca es fácil integrarse a un grupo nuevo, incluso con las mejores condiciones de acogida. Todos ustedes han puesto la mejor voluntad posible, los nuevos y los que ya estaban. Les doy las gracias a todos.

A continuación, quiero expresarles mi convencimiento de que los años 2004 y 2005, por el hecho mismo de este acuerdo, se presentan con las mejores perspectivas. Sólo me falta anunciarles que el volumen de negocios de nuestra empresa ha aumentado este año un 12 %, tenemos la libreta de pedidos llena para los dos próximos ejercicios y, por esta razón, ¡los puestos de trabajo están garantizados!

Por último, quiero decir que estar aquí esta noche es motivo de orgullo y honda satisfacción. Ahora quiero dirigirme no a trescientas personas, sino a cada uno de ustedes personalmente, para desearles, en nombre del grupo Informix-Ordinox, y en el mío propio, un próspero año 2004. Sí, esta noche a las doce entraremos en el 2004. Es un gran honor para mí desearles lo mejor para este nuevo año.

Brindemos, con un poco de anticipación, por la felicidad que les deseo a todos ustedes y a sus respectivas familias. ¡Feliz año y viva el 2004!

Alocución de un padre en la celebración de la boda de su hija

Antes de compartir con todos vosotros este banquete de bodas, permitidme, queridos amigos, que diga unas palabras. Como todos sabéis, esto de las bodas ya no se lleva. ¡Actualmente, las parejas jóvenes prefieren vivir —como se dice con una palabra que ni a mi mujer ni a mí nos gusta, pero que hace gracia— en concubinato!

Así que, cuando nuestra hija María nos dijo que quería casarse con Julio, y que él también quería, no podéis imaginaros nuestra alegría. Por qué esconderlo, para nosotros, que pertenecemos a una generación en la que la unión sagrada entre dos seres comportaba unos símbolos muy fuertes, y aún los comporta, esta celebración significa mucho. Nos recuerda, por supuesto, a nuestra propia boda —¡y eso no hace rejuvenecer!— y a las de nuestros padres, que seguimos reviviendo a menudo hojeando el álbum de fotografías familiar. Sé que los padres de Julio comparten nuestros sentimientos, y eso nos acerca aún más a ellos en este maravilloso día.

¡Diciendo esto no pretendo lanzar una cruzada por el matrimonio a toda costa y respeto totalmente las convicciones de los demás!

María, nos dejas hoy —aunque no te vas a vivir muy lejos de nosotros— para alzar el vuelo con Julio. Como dice el poeta, los pajarillos crecen y parten siempre del nido para ir a hacer el suyo propio en otros árboles. ¡Así es la vida! Sin embargo, mentiría si dijera que no se me encoge el corazón un poco en este momento: qué padre, qué madre no se siente así cuando se da cuenta de repente de que su hija ya no es una niña y que se ha convertido en esta mujer vestida de blanco que se dirige a su destino. ¡Pero tranquilo, Julio, que esto no es una crisis de celos! Todo lo contrario, quiero decirlo en total confianza, porque habiendo podido apreciar ya las cualidades de mi nuevo yerno, sé que hará muy feliz a nuestra María.

¡Y también espero que haga otra cosa con ella! ¡Sí, espero que nos hagan pronto abuelos! ¡Somos cuatro los que deseamos que se amplíe el círculo familiar! Así que, esperando un heredero, o una heredera, si os parece bien, ¡brindemos por la felicidad de nuestros recién casados!

Alocución de un nuevo presidente de una asociación

Mis queridos amigos, me habéis elegido presidente de esta joven asociación ciclista y espero, como vosotros, ¡que hayáis escogido bien! No, no hago prueba de falsa modestia, sino que calibro el trabajo que José Miguel, mi predecesor, ha realizado durante dos años ¡y me pregunto, sinceramente, si podré estar a la altura!

Antes de nada, por supuesto, quiero darle las gracias en nombre de todos, porque realmente me ha asombrado. ¿Cómo ha podido dirigir su agencia de seguros, no restar tiempo a su vida familiar, dirigir nuestro entrenamiento semanal y presidir la reunión quincenal sin una sola ausencia? Pues bien, lo ha hecho, ¡y os propongo que le demos un fuerte aplauso por su logro!

Ahora me toca a mí. Todos sabéis que no me gusta levantarme muy temprano el domingo por la mañana, así que os pido que me permitáis un capricho, si queréis que también aguante dos años... Os propongo que a partir de ahora salgamos los domingos a las 09.00, en lugar de a las 08.30 de la mañana, a cambio de regresar media horita más tarde. ¡No pongáis cara de protesta, que yo sé que esto les va bien a muchos! ¡Sobre todo a los que se van de fiesta los sábados por la noche, y al menos conozco a tres!

A cambio de este favor, permitidme que os pida uno a vosotros: sed simpáticos y pagad vuestra cuota a nuestro tesorero, si puede ser esta misma noche antes de iros. Sabéis que necesitamos el dinero para la salida en autocar del mes que viene. Creo que tendríamos que poder hacer esta salida familiar, ¡aunque sólo sea para que nuestras esposas nos perdonen las continuas ausencias!

Un último punto: no olvidéis responder a las convocatorias de nuestro secretario. Informadle con una llamadita de teléfono sobre vuestra presencia o ausencia a las cenas quincenales. No le creéis problemas con los del servicio de restauración, por favor.

¡Ya está! Mi intención es no cambiar ninguna de las costumbres establecidas por José Miguel, aparte del pequeño cambio horario del domingo por la mañana. Os pido sólo dos cosas: un poco de disciplina en nuestras relaciones y que penséis en las nuevas adhesiones. ¡De veinte que somos tenemos que pasar a ser cuarenta! Cuento con vosotros, igual que vosotros podéis contar conmigo. ¡No dudéis en llamarme en caso de necesidad!

¡Gracias a todos! ¡Y viva el ciclismo!

Lista de juegos presentados

Juegos de preguntas

El objeto escondido, 94
Ni sí, ni no, 95
La palabra prohibida, 95
Las estaciones de metro, 95
Los vinos, 96
Las voces de los animales, 96
Las familias de animales, 115
Las listas alfabéticas de animales, 115
Las ciudades y las provincias del país, 115
La gastronomía y las regiones, 115
Comunidades, provincias y capitales, 115
Las charadas, 121
Las adivinanzas, 122
Las iniciales dobles, 122
El ojo que no ve, 122
Los dientes sin bocas, 122
Las bocas sin dientes, 122
Las agujas sin hilo, 122
Los animales con pluma y pelo, 122
¿De quién es este sombrero?, 122
Los ciclistas campeones, 145
El palmarés del campeón invitado, 145
Los pensamientos, 160
El telegrama, 160
Localizar el error, 161
El poema improvisado, 161
Los quesos, 161
El cuerpo en argot, 161
El origen de los animales domésticos, 203
La longevidad de los animales, 204

Juegos de interior

Las velas, 95
Las momias, 95
Las latas de conserva, 95
Las patatas, 96
Mímica, 96
El silbato, 97
Las servilletas entrelazadas, 97
Imitar con mímica a un animal, 115
Karaoke, 114
Una sesión de hipnosis, 130
Un concurso de hombre-entrenador, 145
Ruedas para montar, 145
Los aros olímpicos, 146
Las ruedas misteriosas, 146
La rifa, 156
Los infladores, 162
Los biberones, 162
Los costureros, 162
Las servilletas mágicas, 163
La amazona, 163
La feria de zapatos, 168

Juegos al aire libre[6]

Los objetos misteriosos, 108
Vino blanco o tinto, 108
¿Qué queso es?, 108
¿De quién es esta sonrisa?, 108
Botellas y anillas, 108
Latas de conserva, 108
Botellas y bolas de petanca, 108
La mayonesa, 108
Lanzamiento de globos, 113
Búsqueda del tesoro, 113
La carrera de sacos, 113
La carrera de camareros, 113
Carrera de huevos o de limones, 113

Batalla de confetis y serpentinas, 113
La batalla de almohadas, 123
Los cubos de agua o de harina, 123
Los espaguetis, 123
Las sillas y los ladrillos, 123
Los tarugos, 123
Las culebras, 123
La cesta de ropa, 124
La maleta galopante, 124
Los trajes de papel de periódico, 124
¿De quién son estas pantorrillas?, 124

Juegos de equipo

La cadena de ropa, 108
Apuestas de caballos, 109
Tirar de la cuerda, 135
Palos contra escobillas, 135
Los rollitos de primavera, 135

El partido de fútbol, 135
El partido de balonmano, 135
El juego de las cintas, 135
Las olimpiadas del campamento, 136

Juegos náuticos

Tirar de la cuerda, 125
El torneo, 125
Los modelos buceadores, 125
Las pelotas de pimpón, 125
Los platos tragados, 125
La carrera de bañeras, 125

La plancha bajo el brazo, 125
La carrera de los camareros de piscina, 126
Los funámbulos, 126
Los trajes de baño, 126

---

6. Algunos de estos juegos, propuestos como juegos al aire libre, pueden llevarse a cabo en el interior.

Juegos de baile

Los limones exprimidos, 132
El baile de las estatuas, 132
El baile de los globos, 132
El baile del pañuelo, 133
Las cartas, 133
El baile del periódico, 133
El vals de las botellas, 133
El baile de la escoba, 133
El baile del limbo, 133
El baile de la alfombra, 133
¡Cambio de pareja!, 154
Las chaquetas paseantes, 154
Jaime ha dicho, 154
Las parejas atadas, 154
Las parejas voladoras, 154
Los globos escondidos, 155
El paseo de las salchichas, 155
El concurso de vals (o de *rock*, tango, salsa, *lambada*, etc.), 155
Los bailes regionales, 155
La farándula, 155

El origen de los animales domésticos

Abeja	Asia
Buey	Próximo Oriente
Burro	Egipto
Caballo	Eurasia
Cabra	Próximo Oriente
Canario	Canarias
Carnero	Eurasia
Cerdo	Eurasia
Conejo	España
Gallo	Asia
Gato	Egipto
Oca	Grecia
Paloma	Europa
Pato	Eurasia
Pavo	América
Perro	Eurasia
Pez de colores	China
Pintada	África
Tortuga	África

La longevidad de los animales

Ballena	30 años
Caballo	60 años
Camello	50 años
Canguro	15 años
Carnero	15 años
Carpa	47 años
Cocodrilo	55 años
Conejo	10 años
Elefante	80 años
Gato	20 años
Hipopótamo	45 años
León	20 años
Oso	35 años
Paloma	15 años
Perro	20 años
Rata	5 años
Ratón	5 años
Rinoceronte	45 años
Vaca	25 años
Zorro	15 años

Las voces de los animales

El gorrión pía.
El perro ladra.
El gato maúlla.
El cuervo grazna.
La rana croa.
El león ruge.
El gallo canta (el ruiseñor también).
La gallina cacarea.
El pato parpa.
El tigre bufa.
El pavo tita.
El zorro guarrea.
La cigüeña crotora.
La perdiz cuchichía.
El elefante barrita.
El buey y la vaca mugen o braman.
La lechuza ulula.
Los pájaros pían o graznan.
El carnero bala (igual que la cabra).
El mirlo silba.
La oca grazna.
El cerdo gruñe.
El caballo relincha.
El jabalí guarrea.
El camello grita.

El oso gruñe.
La urraca chirría o cotorrea.
La hiena aúlla (el lobo también).
El águila chilla.
El burro rebuzna.
El chacal ladra (el cachorro de perro también).
El ganso grazna.
La paloma arrulla.
El ciervo brama.

La mosca zumba.
El conejo chilla.
El grillo canta.
El pinzón gorjea.
El saltamontes estridula.
El arrendajo canta.
La corneja grazna.
La codorniz cuchichía.
El pollito pía.
… y el mosquito… ¡pica, por supuesto!

Las «perlas» de la Seguridad Social

Les presento un certificado médico de mi hijo que pongo en mi carta para arreglar mi expediente.

Creía que tenía el derecho a tocar para mi cubano.

¡Haga un esfuerzo, mi hijo está a punto de nacer!

Llevo 8 días acostada con un médico cerca de mí. Probaría con otro, pero mis posibilidades me lo impiden.

Mi marido ha fallecido por el momento.

¡Hasta llegar al día 20 del mes, la quincena se hace larga!

Han cortado la beca de mi hijo, ya no va a clase.

Al vivir en la parte de atrás y no encontrarme bien, querría un préstamo para la mejora.

Tuve una enfermedad de caballo durante 2 meses.

Tengo a mi mujer embarazada y me gustaría inscribirme en la *prenatación*.

Mi marido sufre un absceso sedentario.

Poseo algunas cepas que mi hijo hace avanzar.

Al estar parado y sin subsidio, me puse a recoger algunos trozos de chapa para dar de comer a mis hijos.

Señor director, mi marido ha muerto. Dígame cómo sacarlo de la caja [de pensiones, fondo de pensiones].

Espero que sienta piedad por un pobre hombre que tiene 7 hijos para comer, además de a su mujer y a su suegra.

Como mi pobre marido tiene que ir al sanatorio mental, lo envío a su despacho, señor.

Mi marido está en el centro de salud. Le están observando el *plumón*.

Después del paso de su inspector, sírvase enviarme un carné de maternidad.

Desde que mi marido falleció, ya no hay animales con cuernos en la casa.

Mi hijo está en el senado y mi hija en el acuario.

El médico ha tenido que cambiarme el tratamiento porque yo era *enérgica* a la penicilina.

La señorita Ana es digna de interés. Es madre soltera, alimenta a su hijo con el pecho y no le llega a final de mes.

Las «perlas» de los seguros de automóvil

Regresando a mi casa, me equivoqué de entrada y golpeé a un árbol que no era mío.

El otro coche colisionó con el mío sin advertirme de sus intenciones.

Colisioné con un camión aparcado que venía en sentido contrario.

El camión reculó en la cara de mi mujer, rompiendo mi parabrisas.

Un peatón me golpeó y rodó por debajo de mi coche.

El hombre ocupaba toda la calle. Tuve que dar varios rodeos antes de atropellarlo.

Intentando matar un mosquito, golpeé un poste de teléfonos.

Me acercaba al cruce cuando, súbitamente, apareció una señal que no había aparecido nunca antes.

Llevaba cuarenta años conduciendo cuando me dormí al volante y se produjo el accidente.

Para evitar chocar con el automóvil que me precedía, atropellé al peatón.

Un coche invisible salió de ninguna parte, golpeó el mío y desapareció.

Estaba seguro de que el anciano no llegaría al otro lado de la calle cuando le golpeé.

El peatón no sabía qué dirección tomar, así que lo atropellé.

Le dije al agente que no estaba herido, pero al quitarme el sombrero me di cuenta de que tenía fractura de cráneo.

Salí disparado del coche en el momento en que este dejó la carretera. Unas vacas perdidas me encontraron más tarde en la cuneta.

Creía que la ventanilla estaba abierta, pero me di cuenta de lo contrario cuando mi cabeza la atravesó.

No pude detenerme a tiempo y mi coche se estrelló contra el otro vehículo. El conductor y los pasajeros salieron inmediatamente de vacaciones con heridas.

Las estaciones de metro

Vivo en un país cuyo presidente vive en la… MONCLOA, y es posible que estudiara en la…CIUDAD UNIVERSITARIA.

La historia de España está marcada por grandes personalidades, entre las que destacan: el descubridor de América… COLÓN, aunque él pensaba que había descubierto las Indias, el gran pintor y grabador… GOYA, que se quedó sordo a causa de una grave enfermedad, y uno de los poetas burlescos más agudos… QUEVEDO, quien clamaba a… LAS MUSAS cuando no estaba inspirado.

Yo no vivo en Madrid, simplemente estoy de visita. Vengo del norte, más concretamente de la ciudad de… BILBAO. Ayer llegué al… AEROPUERTO en avión. Estoy en esta bella ciudad porque quiero ver una… ÓPERA interpretada por Montserrat Caballé.

Dentro de dos días, cogeré el AVE e iré a…SEVILLA, donde tomaré mucho el… SOL. Aunque primero tengo que pasar por el BANCO DE ESPAÑA para sacar dinero.

Además de la ópera, también tengo otras aficiones: me gusta mucho leer poesía, sobre todo al nicaragüense… RUBÉN DARÍO.

También adoro viajar: me encantaría poder visitar… CUZCO, COLOMBIA, LA REPÚBLICA ARGENTINA, OPORTO y, a la vuelta, descansar un poco en IBIZA.

Juegos al aire libre para niños

El vendedor de gallinas

Edad recomendada: de 5 a 8 años.
Material necesario: uno o más bastones.

Para evitar discusiones entre los participantes, es conveniente que usted asigne los papeles mediante un sorteo tradicional, que seleccione primeramente a los niños que tendrán que asumir el papel de «aves de granja» y los que se convertirán en «vendedores de gallinas y campesinos».

Con el bastón, dibuje sobre el terreno un cuadrado que representará el recinto del gallinero; las dimensiones del cuadrado serán proporcionales, evidentemente, al número de participantes.

Si nos encontramos en un prado de hierba alta es mejor señalar con claridad los límites del cuadrado, fijando en los cuatro ángulos bastones, de cuyo extremo ondee algún pañuelo o trapo.

A continuación, el vendedor de gallinas tendrá que alejarse para no oír cómo se distribuyen los distintos papeles entre las aves: los participantes tendrán que elegir ser la gallina, el pavo, la tórtola, la oca, el gallo, el polluelo, etc. Cada ave tiene que acordarse bien de su propio papel, que mantendrá durante todo el juego.

Cuando haya establecido el papel, el campesino avisará al vendedor, quien se acercará para declarar lo que ha venido a comprar; no puede pedir más de dos animales a la vez.

Supongamos que el vendedor dice: «Quiero una oca y una gallina». Cuando haya obtenido el permiso entrará en el gallinero, donde las aves intentarán mantenerse alejadas. El vendedor puede seguir a quien quiera, y no necesita atrapar a su presa, basta con que la toque.

Los tocados tienen que detenerse y responder a la pregunta: «¿Eres una gallina?».

Si el animal tocado es efectivamente una gallina, tendrá que colocarse a la espera cerca del campesino; en cambio, si no se trata del animal correcto, permanecerá libre en el gallinero.

El vendedor buscará otra presa.

Cuando toque a un segundo animal preguntará: «¿Eres una oca?».

Si no lo acierta continuará persiguiendo e investigando. Pero si después de cuatro intentos no consigue encontrar al animal que busca, se le excluirá del juego; su lugar lo ocupará el último animal tocado.

Si, en cambio, el vendedor tiene éxito y captura a los dos animales, el juego se detendrá: el animal localizado en segundo lugar se convertirá en el vendedor y el primer vendedor permanecerá en el gallinero; el papel de las aves se distribuirá de nuevo.

Los que no digan la verdad al responder a la pregunta del vendedor se excluirán del juego. Quien al alejarse del vendedor salga del recinto para entrar de nuevo tendrá que someterse a la penitencia que decida el campesino, que evidentemente vigila siempre con mucha atención los límites del gallinero.

La empresa de transporte

Edad recomendada: de 6 a 12 años.
Material necesario: dos pelotas de un tamaño proporcional a la edad de los participantes.

Para jugar con total seguridad, conviene escoger un espacio abierto, sin obstáculos; el tipo de terreno es indiferente.

El desafío tiene como protagonistas a dos parejas de adeptos a los transportes: a cada una se le confía un balón que tiene que ser llevado de una parte a otra del campo de juego.

La pelota debe tratarse como una mercancía, y tiene que ser sostenida entre la frente de los componentes de la pareja, que se moverán de lado; además, mantendrán las manos entrecruzadas detrás de la espalda, para evitar caer en la tentación de ayudarse con ellas durante el transporte. Usted tiene que marcar claramente en el terreno la línea de salida y la de llegada (a una distancia una de la otra de 15-20 m); además, es necesaria la presencia de un árbitro para dar la salida y verificar el orden de llegada.

El mismo árbitro tiene que controlar también que los participantes no se salten las reglas. La pareja que cometa una irregularidad o deje caer el balón tiene que volver a la salida y empezar de nuevo el recorrido.

Si la habilidad de los participantes lo permite, las siguientes fases del juego podrán complicarse: se puede, por ejemplo, colocar algún obstáculo que se tenga que superar durante el recorrido (un banco bajo, una cuerda tensa, etc.) o hacer caminar a las parejas no de lado sino hacia delante (en cuyo caso uno de los componentes tendrá que caminar hacia atrás).

El grado de dificultad máximo se alcanza haciendo sostener el balón con los hombros o con las caderas (en este caso los componentes de la pareja se moverán uno al lado del otro). Si se dispone de un solo balón, se hará jugar a las parejas una por una; la victoria será para la más rápida. Así pues, en este caso, el árbitro tendrá que cronometrar los tiempos.

A la caza del objeto

Edad recomendada: de 4 a 12 años.
Material necesario: un bastón o una tiza, un silbato y varios objetos.

Dibuje un pequeño círculo en el suelo y, encima, coloque varios objetos que se puedan coger con una sola mano (un sombrero, una muñeca, una caja de zumos, una lata de bebida, un par de calcetines, una pelota de tenis...). El número de objetos tiene que ser inferior en uno respecto al número de participantes: si por ejemplo los jugadores son 8, los objetos serán 7. Posteriormente, dibuje otro círculo alrededor del primero, a una distancia de 7-8 pasos.

A continuación, los niños empezarán a girar alrededor de la circunferencia externa, localizando y valorando los objetos. Cuando usted quiera, haga sonar el silbato; los niños tendrán que precipitarse al interior del segundo círculo e intentar coger un objeto. Uno de los participantes se quedará con las manos vacías y quedará excluido del juego.

A continuación, quite un objeto del círculo para que siga habiendo un objeto menos que el número de participantes.

El juego continúa hasta que sólo quedan dos jugadores y un único objeto: el que consiga cogerlo será el ganador.

El jugador que intente quitar un objeto a un compañero quedará descalificado.

Si el terreno de juego es de cemento, los círculos se dibujarán con una tiza.

Los árboles mágicos

Edad recomendada: de 3 a 10 años.
Material necesario: no se necesita ningún material en particular.

El juego puede realizarse en un patio, en un parque o, aún mejor, en un prado.

A través de sorteo, usted asignará a uno de los participantes el papel de la ardilla y a otro el del zorro, que tendrá que perseguirla.

Los otros niños formarán parejas, cada una de las cuales hará el papel de un árbol. Las parejas se distribuirán por el campo de juego, intentando no quedarse muy juntas. Los componentes de la pareja se colocan uno al lado del otro, levantan los brazos del lado por el que se juntan y los acercan; los brazos de la parte externa los doblan y colocan las manos sobre las caderas.

Cuando usted dé la salida, la ardilla entrará en el bosque y empezará a girar entre los árboles; a continuación, usted dará la salida al zorro, que intentará alcanzar a la ardilla. Cuando la alcance y la toque, los papeles se invertirán. Pero hay que tener cuidado y estar muy atento, ya que si la ardilla toca el brazo libre de uno de los componentes del árbol se intercambian los papeles. Entonces, el zorro empezará a perseguir a la nueva ardilla. Si usted se da cuenta de que el zorro está excesivamente cansado, puede gritar «¡Cambio!», provocando la inversión de papeles: el perseguido pasa a ser entonces el perseguidor.

Los supercangrejos

Edad recomendada: de 3 a 7 años.
Material necesario: dos banderas pequeñas o dos pañuelos y dos bastones.

El terreno de juego tiene que ser un prado o un espacio grande sin obstáculos. Tiene que dibujar una línea sobre el terreno; a unos 30 pasos de ella, se plantarán los dos bastones, que tienen que ser paralelos a la línea y estar separados el uno del otro unos cuatro o cinco pasos. Se hacen dos equipos, y cada uno de ellos se situará en fila india en la línea de salida, en correspondencia con un bastón. A continuación, tiene que escoger a dos portabanderas por cada equipo, que se colocarán en sus respectivos recorridos.

Los componentes de los equipos salen uno por uno: corren hasta el primer portabanderas, toman como prenda la bandera y, moviéndose hacia atrás, como hacen los cangrejos, se acercan hasta el segundo portabanderas, a quien se la confían. A continuación, se giran y corren hacia delante hasta el bastón, giran a su alrededor y vuelven hasta el portabanderas; cogen la bandera y, moviéndose hacia atrás, la llevan al primer portabanderas. Luego, giran y corren hacia delante hasta tocar la mano del compañero que está preparado para salir. El juego continúa hasta que todos los componentes de un equipo han terminado el recorrido.

Los participantes tienen que recordar que, cuando tienen la bandera en la mano, tienen que moverse hacia atrás; si uno de ellos se equivoca tendrá que repetir el recorrido completo.

¡Buena pesca!

Edad recomendada: de 3 a 10 años.
Material necesario: un balón y un bastón o una tiza.

A pesar de lo que pueda sugerir el título, para este juego no es necesario utilizar agua. Se puede jugar perfectamente en un patio o en un prado.

Utilizando un bastón o una tiza, dependiendo del terreno sobre el que se juegue, usted tiene que dibujar un gran cuadrado en el suelo: esta área representará el mar.

Por medio de un sorteo, asignará a un participante el papel de pescador, a quien se le confía el balón que representa la red. Posteriormente, escoja a dos ayudantes, que podrán desplazarse de un ángulo a otro del cuadrado.

Veamos ahora cómo se desarrolla el juego: los participantes se colocan en el interior del cuadrado, unos de pie y otros agachados, que son los que representan a los peces que se encuentran debajo del agua.

El pescador entra en el mar y tira el balón-red intentando golpear únicamente a los peces que están en pie; los ayudantes recuperan el balón y pueden decidir si lo devuelven al pescador o lo lanzan contra los peces que están agachados, que son los únicos a los que pueden golpear. Los peces pueden defenderse agachándose cuando el pescador tira o levantándose cuando llega el turno de los ayudantes.

Si el pescador o los ayudantes golpean a un pez «prohibido», este queda en libertad; los peces capturados correctamente, en cambio, tienen que salir del mar y permanecer fuera del juego hasta la siguiente partida.

El juego termina cuando en el mar quedan únicamente tres peces, que se convertirán en los próximos pescador y ayudantes.

Los peces que salen del mar quedan descalificados. Tendrán que esperar a la partida siguiente para volver a jugar.

El comandante ciego

Edad recomendada: de 5 a 12 años.
Material necesario: dos balones y un gran pañuelo.

A través de un sorteo, asigne a un participante el papel de comandante ciego; debe vendar los ojos de este jugador con el pañuelo.
    Los demás niños se colocan formando un círculo a su alrededor, manteniéndose a tres pasos el uno del otro. Se confían los balones a dos participantes que se encuentren en posiciones diametralmente opuestas. Cuando el comandante ciego dé la salida, los niños que tienen el balón lo pasan al compañero de su derecha, que a su vez lo pasa al jugador que tiene al lado, etc.
    Cuando el comandante ciego grite «¡stop!», los dos jugadores que en ese momento tengan el balón en la mano se quedarán quietos en su lugar y tirarán el balón intentando golpear a uno de sus compañeros que, durante ese tiempo, intentará escapar lejos de ellos. Los dos jugadores golpeados salen del juego hasta la partida siguiente; los otros, se colocan de nuevo en sus lugares.
    El juego continúa hasta que queda un solo jugador, que se proclamará vencedor. El jugador que ha sido eliminado en primer lugar se convertirá en el comandante ciego en la siguiente partida.
    Cuanto mayores sean los jugadores, mayor será la distancia entre los miembros del círculo.

Los campaneros celosos

Edad recomendada: de 7 a 12 años.
Material necesario: un envase de detergente vacío, un trozo de cuerda, una pelota, una rama u otro punto de apoyo y un bastón o una tiza.

Se juega en un amplio espacio en el que haya por lo menos un árbol u otro punto de apoyo.
    Ate la cuerda al asa del envase vacío y cuélguela de la rama del árbol para obtener la campana. Los participantes se dividen en dos equipos, cada uno de los cuales, a través de un sorteo, escogerá a su propio compañero, que obstaculizará al equipo adversario.
    Las dos líneas de tiro (una delante y otra detrás de la campana) tienen que dibujarse, con el bastón o la tiza, a 6-7 pasos de la propia campana.

Cada equipo se pone en su puesto detrás de la respectiva línea de tiro; así pues, se encuentran una línea frente a la otra: entre ellas cuelga la campana. Se entrega la pelota al componente de uno de los dos equipos, que tendrá que intentar golpear la campana. Pero los compañeros harán cualquier cosa para obstaculizar el tiro: levantarán los brazos, saltarán, intentarán distraer al tirador, etc.; pero no podrán tocar a la persona que efectúa los tiros.

Tras el primer tiro, sea cual sea el resultado, la pelota pasa al otro equipo que, a su vez, tira y pasa la pelota. Gana el equipo que antes consiga diez aciertos.

La distancia entre las líneas de tiro y la línea de la campana tiene que ser proporcional a la edad de los jugadores.

Juegos de interior para niños

El movimiento perpetuo

Edad recomendada: de 7 a 11 años.
Material necesario: un trozo de hilo de coser (de unos 60 centímetros) y un botón grande, con dos o cuatro agujeros, para cada jugador.

Cada jugador pasa un extremo del hilo por uno de los agujeros del botón y luego, por el otro. Se juntan los dos extremos, se colocan al mismo nivel y se anudan. El botón queda prisionero del hilo.
Los participantes tienen que pasar sus pulgares por las dos asas que forma el hilo. El nudo tiene que situarse detrás de uno de los dos pulgares y el botón tiene que encontrarse exactamente en la mitad de la longitud del hilo. A continuación, ya se puede empezar a jugar. Se acercan un poco las manos y, girando los pulgares, se hace girar rápidamente el botón: el hilo se enrollará por sí solo. Luego, se pueden alejar un poco las manos: el botón empezará a girar muy rápidamente y el hilo tenderá a alargarse. Cuando el hilo se haya distendido casi del todo, se acercan lentamente las manos: el botón continuará girando y el hilo se enrollará en sentido contrario. Luego, cuando el hilo se haya enrollado, se expanden de nuevo los pulgares: el hilo se desenrollará y el botón que gira lo enrollará de nuevo en sentido contrario. Hay que ir con cuidado y no dejar el hilo demasiado flojo, porque en este caso el botón se pararía y sería necesario comenzar desde el principio. Si hay más de un jugador, gana quien consiga que dure más tiempo el botón en movimiento.

La cuerda sonora

Edad recomendada: de 3 a 10 años.
Material necesario: un ovillo de cuerda, dos campanas pequeñas, una cinta azul, una cinta roja, una silla para cada participante y una mesa.

Corte un trozo de cuerda algo más largo que el perímetro de la mesa. Anude los dos extremos entre sí, de forma que se obtenga un círculo cerrado. Utilizando la cinta roja, ate en un punto cualquiera del círculo de cuerda una de las campanas. Ate la segunda campana en la parte diametralmente opuesta, utilizando en este caso la cinta azul.

Por medio de sorteo, escoja el jugador que tendrá que mantenerse fuera (a 4-5 pasos de la mesa) y escuchar con la máxima atención.

Todos los demás jugadores se sentarán alrededor de la mesa, cogerán la cuerda con las manos y la colocarán bajo la mesa, cerca de las rodillas.

Comunique al jugador que está fuera quién tiene en su mano la campana roja y quién la azul. El director del juego, es decir, usted, da la salida moviendo la cabeza hacia la derecha o hacia la izquierda: con este movimiento, indica la dirección de rotación de la cuerda (hacia la derecha o hacia la izquierda), que circulará de mano en mano. Mientras la cuerda pasa de una mano a otra, las campanas suenan; cuando el concursante que está fuera cree que ha comprendido dónde está situada la campana, podrá dar el alto y decir el nombre del niño que, según él, en ese momento tiene la campana entre las manos. Pero también tendrá que saber distinguir la campana con la cinta roja de la que lleva la cinta azul: aunque adivine la posición, si se equivoca en el color no habrá ganado. Si adivina la posición, el niño que tiene la campana en la mano ocupará el lugar del que está fuera. Si el jugador se equivoca tres veces seguidas, se verá sometido a penitencia para poder continuar jugando.

No se debe intentar seguir el movimiento de las dos campanas; si se fija la atención en una sola será más fácil ganar.

Ver con las manos

Edad recomendada: de 3 a 6 años.
Material necesario: una soga, cuatro bolsas de plástico opaco, dos habitaciones comunicadas, un poco de cuerda, tijeras o cuchillo y diversos objetos.

Todos sabemos reconocer, al verlos, los objetos que nos son conocidos. Pero cuando no podemos verlos y los tenemos que adivinar sirviéndonos del tacto, no siempre conseguimos identificarlos: precisamente en esta dificultad se basa el juego.

Coloque la soga aproximadamente a 1-1,5 metros de altura (según la estatura de los participantes) y ponga, en un cuarto contiguo, de manera que los niños no los vean, algunos objetos que les resulten familiares: un plato o un vaso de plástico, una fruta, un lápiz, un rotulador, una lata, un peine, un huevo, etc.

Conviene evitar en todo momento los objetos cortantes o excesivamente puntiagudos.

Escoja cuatro objetos y coloque cada uno de ellos dentro de una bolsa de plástico que no sea transparente.

Con un trozo de cuerda, cuelgue las bolsas a la soga dispuesta en la primera habitación.

Acerque a los niños de uno en uno a las bolsas, y permítales escoger la que ellos quieran.

Palpando los contornos, el jugador debe descubrir cuál es el objeto que contiene la bolsa antes de que se acabe el tiempo (5-10 segundos). Si el niño lo adivina, muestre el objeto también a los demás jugadores, para que lo verifiquen, y déselo a quien lo haya adivinado. Si, en cambio, el jugador no consigue adivinarlo, llame a un segundo niño, mientras el primero se coloca de nuevo al final de la cola.

Naturalmente, gana quien acumula más objetos.

Si quiere aumentar la dificultad del juego, puede utilizar bolsas de papel o de tela, o incluso emplear objetos similares (lápiz, lápiz de pastel, pluma, etc.).

Las familias

Edad recomendada: de 3 a 6 años.
Material necesario: no se necesita ningún material.

Normalmente, consideramos que pertenecen a un mismo grupo (o categoría) las cosas que tienen cierta semejanza entre ellas o que poseen alguna característica en común. Este juego se basa, precisamente, en este principio. Los participantes se dividen en dos equipos. Cada vez que usted, el animador, diga el nombre de una familia, cada equipo tendrá que pensar y decir el nombre de una cosa que pertenezca a esa familia. Por ejemplo, si usted dice: «¡Familia de colores!», cada equipo tendrá que pensar en un color distinto y decirlo antes de que se acabe el tiempo (por ejemplo, 5 segundos). El equipo que responda correctamente gana 1 punto; el que se equivoca, no responde, lo hace demasiado tarde o repite algo que ya ha dicho otro equipo no obtendrá ninguna puntuación. Ganará el equipo que antes consiga dar 10 respuestas correctas.

El juego de la memoria

Edad recomendada: de 4 a 9 años.
Material necesario: no se necesita ningún material.

Los jugadores tienen que ser por lo menos dos; no hay límite máximo. Por medio de un sorteo, escoja al jugador que tendrá que dar la salida. El segundo jugador tendrá que repetir lo que ha dicho el primero, y enriquecer la frase con palabras adecuadas y con sentido; el tercero tendrá que repetirlo todo y añadir a su vez algunas palabras. No se pueden añadir más de tres palabras cada vez.

Pongamos un ejemplo. El primer jugador dice: «Pienso en la cola de un elefante»; el segundo dice: «Pienso en la cola de un elefante del bosque»; el tercero dice: «Pienso en la cola de un elefante del bosque de la India», etc. Gana el jugador que repita más veces la frase correcta sin cometer ningún error.

El péndulo

Edad recomendada: de 5 a 12 años.
Material necesario: 6 latas de bebida vacías, un bastón de 1 metro, un trozo de cuerda y una cuchara sopera.

Apile las latas formando una pirámide: tres en la base, dos encima y una que constituirá la cúpula. Luego, ate un extremo de la cuerda al mango de la cuchara, dándole algunas vueltas; el otro extremo se ata a una punta del bastón. Coloque otro trozo de cuerda a 1,5 metros aproximadamente de las latas: esta será la línea que el jugador no podrá pasar ni tocar.

El primer participante se colocará detrás de la línea; mantendrá el brazo un poco levantado y cogerá con una mano el extremo libre del bastón y la cuchara, de forma que el hilo esté bien tensado. El primer objetivo será la lata más alta: se dejará ir la cuchara y habrá que golpearla sin hacer caer las demás. Si el objetivo es golpeado por la cuchara cuando vuelve hacia atrás, el tiro también se considera válido: las latas pueden ser abatidas tanto a la ida como a la vuelta. No se puede hacer oscilar el péndulo más de una vez: después de efectuar un intento, se cede el puesto a otro jugador. Gana el que consigue golpear primero cinco veces la cima de la pirámide.

Si quiere complicar el juego, basta con que apile las latas en columna: será realmente muy difícil tirar la que se encuentra más arriba sin hacer caer las demás.

www.ingramcontent.com/pod-product-compliance
Lightning Source LLC
Chambersburg PA
CBHW070842160426
43192CB00012B/2279